社内外で評価される人材になる
新・生存戦略

入社1年目からどう働くか

イシコ

SB Creative

はじめに

入社1年目は会社の「見習い期間」ではない

本書の執筆を進めていた2020年、世界を取り巻く環境は大きく変化しました。働き方改革や新型コロナウイルスの影響で、テレワークや副業の推進、残業削減、成果型評価への移行など、働き方も大きく変わってきています。

僕自身、本書を手に取ってくださったみなさんと同じサラリーマンです（以降、本書では会社に雇われて給与をもらっている人を、性別問わず「サラリーマン」と呼びます）。大学を卒業後、新卒で総合商社へ入社し、外資系企業に転職。今は社員数が両手で数えられるほどの小さなベンチャー企業で、新規事業企画から営業まで幅広く担当しています。日系から外資、大企業からベンチャーと、いくつかの職場を経験しましたが、時代の流れによる働き方の変化を肌で感じてきました。

ほんの少し前まで、サラリーマンと言えば、

・一つの会社で定年まで働く
・勤務年数と給与が比例する（年齢が上がれば上がるほど給与が上がる）
・入社年数が上がるにつれ、大きな仕事を任されるようになる
・「辞令」という紙一枚で全国・世界各地に転勤する

ということが当たり前でした。

また入社してしばらくは、言わば「見習い期間」。3年後、5年後に戦力になることが前提だったので、入社1年目は、

・研修で学び、まずは業務に慣れる
・与えられた仕事を着実にこなす
・上司や先輩など、社内の人との関係性を築く

など、その会社から求められることをクリアすれば合格でした。会社側も、社員が成長するまで時間がかかることを見越して、時間的にも、精神的にもじっくり仕事に取り組める体制を取っていたのです。

これは、「社内で評価される働き方」と言えます。

しかし、冒頭でもお伝えした通り、状況は大きく変わっています。みなさんご存じの「人口減少」は日本の大きな課題です。これは多くの業界で、顧客数が減少する未来を表しています。また、今や聞き慣れたＡＩやデジタル化がさらに進むことで、衰退する業界も予測されています。

これらの時代の変化は、僕たちの働き方以前に、会社そのものに大きな影響を与えているのです。今の事業をどこまで伸ばせるか（維持できるか）わからない状況で、若手社員を長い目で見て育てる余裕はなくなってきています。

そんな会社の状況に目もくれず、従来の「見習い期間」の働き方をそのまま踏襲していては、評価を得ることはできません。それどころか、気づかないうちに〝お荷物社員〟になってしまいかねないのです。

さらに、会社はあなたの身を守れない状況に差しかかっています。

東京商工リサーチの調査によると、2019年に倒産した国内企業の「平均寿命」は23・7年。うち業歴30年以上の「老舗企業」の割合は32・4％でした。

この数字から、会社の設立年数にかかわらず、企業は倒産する可能性があることがわかります。業界や会社の規模によって数字は多少異なりますが、いずれにしても、社会が進化すればするほど、この平均寿命は短縮されていくでしょう。

一方で、昨今よく耳にする「人生100年時代」や「定年延長制度」からもわかるように、僕たちは70代、もしくは80代まで働くことになるかもしれません。

入社1年目のみなさんが23歳だとすると、最低でも、これから50年働くことになります。これは、先ほどの23・7年という企業の平均寿命と比べると倍以上の年数です。単純に考えると、一生の間に勤め先が2回倒産する計算になります。

実際、2020年に流行した新型コロナウイルスにより経済が落ち込んだことで、倒産までいかずとも、減給やボーナスカット、リストラなどが以前にも増して現実のものとなり、不安を覚えた人も多いと思います。また、会社が業績不振に陥り、就活生の中には内定を取り消された人もいたと聞きます。入社1年目のみなさんの中には、目指していた会社がそもそも新卒採用をしないという、想定外の事態に遭遇した人もいるのではないでしょうか。

これらの状況からわかるように、入社間もない若手社員であっても、十分な教育を受けられなかったり、職を失ったりする可能性があります。**新卒で希望の会社に入社し、数ヶ月の研修を受け、希望の部署へ配属されたら、3年間はその仕事を頑張って役職を得る――。そんな堅実な理想でさえ、誰も保証はしてくれないのです。**

僕たちサラリーマンは、会社に身を預ける以上、常にリスクを抱えています。**だからこそ、これからは一つの会社に依存せず、「どの会社でも評価される働き方」を入社1年目から身につけておくことが、自分の身を守る武器になるのです。**

「数年後に戦力になる」という考えで入社1年目を過ごしてしまうと、その数年後には同期と差ができたり、後輩に抜かれたりして不安を抱えることになります。また、仕事は先輩や上司から学ぶことも大切ですが、先人の知恵や経験が必ずしも通用するとはかぎりません。教えられるのを待つのではなく、スキマ時間を使って自ら学ぶくらいの気概が大切です。

高いスキルがあれば、どの会社でも評価され、重宝されるでしょう。入社1年目から「即戦力」になるつもりで働くことが、将来の選択肢を広げることにもつながります。**「数年後に今の会社で戦力になる」のではなく、入社1年目から「すぐに」かつ「どこでも」通用する人材になることを念頭に置いて働きましょう。**

では、入社1年目から「どの会社でも評価される」には、どんな働き方を意識すればいいのでしょうか。おさえるべきポイントは、大きく分けて次の3つです。

「成果を出すこと」に年数は関係ない

一つ目は、成果を出すスピードです。みなさんは「成果型評価」という制度を聞いたことはあるでしょうか。これは、個人の成果に応じて昇給・昇格を決めるもの。年次に応じて評価が決まる従来の「年次序列型評価」とは異なり、個人の頑張りが収入や仕事内容に直結します。もともとは外資系企業や保険業界、不動産業界などで導入されている評価方法でした。しかし近年、異業種間での人材獲得競争が激しくなって

三菱重工業	2021年10月より成果型評価を一部取り入れることを発表
トヨタ自動車	2021年より定期昇給をなくし、個人の評価に応じて昇給額を決める成果型評価を導入することを発表
日本製鉄	2021年度の定年延長の導入にあわせ、全世代を対象にした新たな賃金制度を導入
IHI	人工知能（AI）などの先端技術で高度な専門性を持つ人材を柔軟に雇用する新制度を2020年5月に導入
カルビー	成果主義の報酬体系を活用して、多様な働き方を実現

いることに伴い、業界や職種を問わず、この「成果型評価」に切り替える企業が増えています（図参照）。

たとえば、三菱重工業は2021年10月より、成果型評価を一部取り入れることを発表しました。トヨタ自動車でも2021年より定期昇給をなくし、個人の評価に応じて昇給額を決める成果型評価を導入することが決定しています。ほかにも、老舗の大手日系企業がこの取り組みに続々と挑戦し始めています。

「成果型評価」を採用する理由の一つは、優秀な若手社員を獲得するためだと言われていますが、**ベテランや若手といった年次に関係なく、成果を出せる優秀な人材はこ**

ここ数年、多くの業種で求められる傾向にあります。

この傾向は、コロナ禍でますます拍車がかかったように思います。

かつては、決められた時間に出勤してデスクに向かっていれば良しとされていましたが、その価値観はまったく通用しなくなりました。オフィス以外でも働けることがわかり、全員で「デスクに向かって座っている」姿勢に価値がなくなってしまったのです。それよりも、時間あたりの成果＝「生産性」に注目が集まっています。

「石の上にも三年」ということわざがありますが、今や会社にも社員にも、そんな余裕はありません。即成果を出すスピード感が以前にも増して求められるようになったと言えるでしょう。

この流れは、今後ますます加速していくと思われます。成果をいかに早く出せるかが、生き残りのカギと言えそうです。

同期とは「スタート地点」で差がついている

二つ目は、若手社員の能力・経験値が高まっていることです。大企業に勤めていた頃、新人教育を担当していた時期がありますが、入社時点での新入社員の能力が年々高くなっていることを感じます。

僕は、キャリアアップや年収アップを目指す人にビジネス英語の習得を推奨していますが（詳しくは第3章をご覧ください）、このような汎用性の高い能力や資格を取得する人が増えているようです。

実際、独立行政法人日本学生支援機構の調査によると、学生時代に留学する人の数は年々増加。2010年はおよそ3万人だったのが、右肩上がりに急増し、2017年には約6万6000人と倍以上になっています。

コロナ禍では出国制限があるため、直近や今後の数値は多少変化するかと思いますが、語学力を高めたいというニーズはますます増えるでしょう。

語学力だけでなく、ビジネススキルも同様です。ほとんどの大学生が、就職前にアルバイトである程度の社会経験を積んでいると思います。長期のインターンシップに参加して実際に企業で働き、基本的なビジネススキルを身につけている人もいます。

このことからもわかるように、今や入社した段階で経験値が大きく違う場合もあるのです。

つまり、一から会社で教わる前提でいると、同期・同僚との差がさらに大きくなってしまいかねません。組織で働くかぎり、相対評価は避けられない世の中です。同世代と比べて明らかに仕事のスキルが劣っていては、「どの会社でも評価される」人材には程遠いでしょう。どこでも通用する汎用性の高い知識や能力を、自分自身で高めておく必要があります。

ビジネスの情報をまとめた本やセミナー、ワークショップは溢れるほどあります。その中から自分に合うやり方を見つけるのもいいですし、まずはインターネットで簡単な情報収集をすることもスキルアップのための第一歩です。今は、世界で活躍するような著名人の考え方を、あらゆるインタビュー記事からも知ることができます。

情報飽和社会では、少し手を伸ばすだけで新たな知識を得られます。受け身の姿勢を今すぐ捨てて主体的に動くことで、自分の能力をさらに高めてください。

「転職」はサラリーマンの必修テーマ

最後の一つは、転職などのキャリアに関する知識です。「どの会社でも評価される」

ために、なぜキャリアの知識が必要？　そう思った人もいるのではないでしょうか。これは、みなさんが身につけたスキルを最大限に活かすための「パスポート」になります。

新卒で入社した若手社員の3年以内の離職率が3割以上という数字を見たことのある人も多いと思います。会社や仕事の不一致は誰にでも起こり得ること。今や「転職」は、充実した人生を送るために欠かせない、重要な選択肢の一つとなりました。しかし、転職すれば悩みを解決できるかというと、そうではありません。何とかなるだろう、と甘い考えで会社を辞めてしまっては、経歴を汚して後悔しかねないのです。「転職しやすい」というメリットを活かすためにも、若手社員のうちから、今の時代に合った正しい知識を身につけるべきです。

また、実績を積んだあとに転職を通してキャリアアップすることも、珍しいことではなくなりました。今いる会社で昇格を待つよりも、ほかの会社からいい条件でオファーをもらえたら、キャリアも年収も早く上げることができます。これからは、早い段階でステップアップすることを視野に入れておくことも重要と言えるでしょう。

このように、若手社員でもベテラン社員でも、キャリアに柔軟性を持てる時代になりました。おそらくみなさんの周りでも、同じ新卒として入社した同期が、早いうちに辞めてしまうことがあると思います。尊敬していた先輩や上司も、キャリアアップのために転職するかもしれません。

そんなとき、キャリアに関する知識を持っていないと、「私はこの会社に居続けていいのだろうか……」と不安になるでしょう。**自分にとって「今の会社に勤めることが最善なんだ」という自信を持つために、転職しても、しなくても、将来を考えるために必要な最低限の情報は知っておくべきなのです。**

以上の「成果を出すスピード」「個人の能力・経験値」「キャリアに関する知識」が、これからの入社1年目が「どの会社でも評価される」人材になるためのポイントです。この3つを踏まえた働き方が、みなさんのサラリーマン生活を支えるでしょう。

では、その働き方の具体的な方法は、どこから学べばいいのでしょうか。

書店には、入社1年目のみなさんに向けた本がたくさんありますが、じつは、会社で昇進することを前提に書かれているものも多いのが実情です。もちろん、時代の流れに対応した本もありますが、すべての本がアップデートされているかというと、NOと言わざるを得ません。「転職してもいい」と言いつつ具体的な方法は載っていない本など、読む人の状況と内容にズレが生じているように感じます。

そこで、若手社員のみなさんがこれから不安を抱かず活躍できるように、僕なりの「新しい入社1年目の本」として本書を執筆することにしました。ここには、もしかしたら「当たり前」と思う内容もあるかもしれません。それをあえて載せた理由は、僕がサラリーマンを十数年やってきた中で、やはり重要なことだと感じたからです。ただ僕自身、その「当たり前」を新入社員時代から大切にできていたわけではありません。本書は、そんな過去の自分へのメッセージでもあります。

まずは仕事に慣れて成長していくために、第1章では「マインド」、第2章では「仕事術」を紹介します。最速で成果を出すために、入社1年目が最低限おさえるべき基本から、若手社員や中堅社員にも役に立つベーシックスキルまで載せています。

第3章は「自己投資」の話です。これからの時代、会社で学ぶだけでなく、自ら学びにいく姿勢が必要不可欠です。僕が実際に試して効果の高かった継続のコツや、汎用性のある学習法を余すことなく載せました。

最後の第4章は「キャリア戦略」についてまとめました。定年まで同じ会社で働かないことが当たり前となった今、選択肢は無限に広がっています。みなさんが本当に納得できるキャリアを築くための情報をお届けします。

入社したばかりで、右も左もわからない人もいるかもしれません。そのときは、まずできそうなことを一つだけでも取り組んでみてください。少しでも、本書がみなさんの仕事の役に立てれば嬉しいです。

イシコ

目次

入社1年目からどう働くか

社内外で評価される人材になる新・生存戦略

第1章

成長し続ける基盤を作る

入社1年目からのマインド

第2章

どの会社でも評価される人になる

入社1年目からの仕事術

第3章

肩書きがなくても必要とされる人になる

入社1年目からの自己投資

コラム

イシコ流・TOEIC900点を達成する勉強のコツ　148

第4章

会社を選べる人になる

入社1年目からのキャリア戦略

第 1 章

成長し続ける
基盤を作る

入社1年目からのマインド

勉強と同じように、仕事もまずは「土台」が大切。
細かなテクニックを学んでも、
それを使いこなせなければ宝の持ち腐れです。
この章では、これからサラリーマン人生をスタートする
みなさんが、成長し続けるための「心構え」を
5つ厳選して紹介します。

学生時代のタブーを駆使せよ

「どの会社でも評価される」には、仕事の基本をおさえていることが大原則です。いきなり細かなテクニックに走るのではなく、まずは日々の仕事の土台になるマインドから学びましょう。

あなたの周りには、頑張っているようには見えないのに成果を出して、いい評価を得ている同僚や先輩はいないでしょうか。学生時代にもいませんでしたか？　ふだんはまともに授業に出席していないのに、テストではちゃっかりいい点を取っている人が。

社会に出ると、そういう〝要領のいい人〟が活躍する傾向にあります。これは、いち早く成果を出す人の共通点です。まずは、もっとも基本的で普遍的な思考を身につけましょう。

では、要領のいい人たちは、どんなことをしているのでしょうか。

キーワードは、「ズル・カンニング・フライング」。いずれも学生時代はNGとされていることですが、これらは社会に出たら立派な「武器」になります。よりスピーディーに仕事を進めるためにも、学生時代のタブーは有効活用していきましょう。

それでは、一つずつ見ていきたいと思います。

ズル＝手を抜く工程を見極める

ズルは、スピードと生産性に大きく関係します。

「結果より過程が大事」と言われることもありますが、社会では「成果につながらない過程」に価値を感じてもらえません。目標に対していかに効率よく、最短で成果を出せるかが重要です。

たとえば、ある仕事を成し遂げるのに、1から10までの工程があるとします。

1→2→3→4……と順番に行えば完成しますが、果たしてそのやり方は最善と言えるのでしょうか。

仕事に取りかかるときに意識したいのが、**「ゴール逆算法」**です。

これは、仕事のゴールである10から逆算し、「あなたの考え（アイデア）」が必要な工程には時間をかけ、それ以外の工程はとことん効率化する方法です。

たとえば報告書を作成するとき、いきなり取りかかるのではなく、まずゴールから逆算して手順を考えます。ゴールが「見た目も整った報告書を作ること」なら別ですが、ひとまず「上司に報告の内容を伝えること」なら、箇条書きでもいいはずです。あるいは、既存のフォーマットを使ってみるとどうでしょうか。フォーマットを使うと、見た目を整える時間は必要ないので、時短になりますよね。内容をまとめることに集中できて、効率よく進めることができます。

たまに資料の作成で、必要以上に見た目にこだわる人もいますが、ゴールから逆算すれば、それが本当に時間をかけるべき工程か判断できるはずです。**考える必要のない（自分が頑張らなくてもいい）工程を極力省き、1→3→6→9→10という具合に短縮できれば、仕事のスピードは格段に上がります。**

別のケースでも考えてみましょう。

上司から、「この調べものを明日までにやっておいて」と言われたとします。これをゴール逆算法の観点から考えるとどうでしょうか。

まず、この依頼のポイントは「明日まで」という期限です。求められている情報量がどのくらいかは確認する必要がありますが、スピードが重要であることは明白です。

少し調べてもいまいちわからないとき、そのまま試行錯誤しても時間がかかってしまいます。このようなときは、まずは過去の社内資料を参考にできないか見てみたり、その情報について詳しい人に話を聞いてみたりするのも一つの手です。効率よく進めて余剰時間ができれば、資料の中身を磨くことも、早めに提出することもできます。

ちなみに僕はよく、部下や後輩に対して「まずは5分考えてみて、それでもわからないときは遠慮なく聞いてください」と伝えています。**5分考えてもわからないことは、「わからないことが、わからない」状態のときが多いです。**つまり、1時間考えたとしても進捗しない可能性が高いのです。

何も調べずに人に聞くことは論外ですが、何でも自分一人で抱え込んでいては、不必要に時間を浪費するだけです。とくに、新入社員の場合はわからない業務があって当然です。

一定の時間取り組んでもうまくいかない場合は、次の手を考えたほうが早く仕事が進みます。最短ルートで成果を出したいときこそ、「ズル」をする姿勢が大切です。

カンニング＝人のやり方をパクる

成果を出している人のやり方をカンニングするのも、効率よく仕事を進める有効な手段です。「人のやり方をパクる」と聞くと、なんだかその相手に悪い気がするでしょうか。しかし、**仕事はチームで進めるものです。個々のスキルが伸びれば、結果としていい影響があることは間違いありません。**

入社1年目のとき、残業続きで悶々としていたことがあります。一方、隣の席の先輩はいつも定時退社。抱えている仕事の量は先輩のほうが2〜3倍多いのになぜだろう、と不思議に思っていました。

ある日、残った仕事を終わらせるために朝7時前に出勤すると、先輩の机の上にメモ書きが。のぞくと、今日やるべきことが細かく書き出されていました。TODOリストを、前日のうちに作っていたのです。

先輩は仕事中、そのリストを見ながら手を動かしていました。前日のうちに翌日の仕事の進め方を思い浮かべているからか、動きに無駄がなく、仕事も的確。それ以来、僕自身も前日にTODOリストを作って実践するようにしています。

僕の場合は先輩の動きをこっそり見てしまったわけですが、**「先輩のやり方を参考にしたいので教えてください！」と正攻法で聞いてみるのも一つの方法です。**成果を出している人のやり方はどんどん真似して、そこから自分に合った仕事の進め方を見つけていきましょう。

フライング＝早めにスタートを切る

学生時代は、足並みをそろえてスタートすることが一般的でしたが、社会に出れば「フライング」上等。できるだけ早めに着手するほうが、ポジティブな評価を得やすくなります。
「万が一に備えて早めに用意しておこう」と事前に準備するクセをつけておくと、「用意周到だな」とみなされて、周りから安心して仕事を任せてもらえるようになるのです。

仮に上司から「1週間後に企画書を出して」と言われたら、いつから動き出しますか？　まだ先だからと、目の前の仕事を優先させる人もいるのではないでしょうか。

企画書を提出するには、「企画のタネになりそうな情報を探す」「ユーザーにヒアリングする」「企画書にまとめる」「キャッチコピーを練る」など、いろいろな工程が必要になります。これらを1日で行なうのはかなり大変。そのため、どんなに小さなことでもいいので、なるべく早い段階でできることから着手しておくのです。

たとえば、「企画のタネ探し」は休み時間でも息抜きしながらできますね。考える工程を少しずつ済ませておけば、あとはまとめる作業だけになります。

慣れてきたら、仕事を依頼される前に準備しておくと「できる新人」と評価されます。とくに、会議前の準備や月末の事務処理など、ルーティン化している仕事はフラ

イングに最適です。

早めに動くことは、自分の身を守ることにもつながります。期日直前に体調不良になったり、緊急の仕事が入ったりするかもしれません。その場合、「提出日に出せればいい」と考えて前日まで手をつけていなかったときに、リカバリーがききません。フライングは、仕事を進めるうえでの防御策でもあるのです。

以上、3つの考え方をお伝えしてきました。学生時代の非常識は、社会の常識。効率よく仕事を進めるための手段になります。このことを頭の片隅に置いて仕事に取り組むと、いい結果にたどり着くまでのスピードが格段に上がります。

仕事の進め方に困ったときは、まず学生時代の考え方をアップデートしてみましょう。

「しんどい」を自ら作り出せ

誰もが成長したと実感するのは、自分のキャパシティを超えて何かに打ち込んだときではないでしょうか。

僕はよくツイッターで「仕事はつじつまを合わせにいけ」と言っていますが、これは言い換えれば、「最後は力技でゴールに持っていけ」ということ。いったいどういうことか、説明したいと思います。

たとえば、100％の実力で達成できる目標ばかり設定しても、面白みはありませんよね。成長の余地を残すなら、「今の実力では厳しいけど、背伸びをすれば届きそうなレベル」にするのがポイント。理想は、120％以上の実力を発揮しないと達成できない目標を設定することです。

仮にフルマラソンを4時間で走れる人が、次の大会の目標タイムを「3時間59分にします」と言ったら、大きな努力をしなくても「できそう」と思いますよね。そうではなく、「3時間50分」とするなど、少し高めの目標を設定します。**手を伸ばすだけでは届かない絶妙な距離の目標なら、達成するために何をどうすればいいのかを全力で考えるはず**。この、実力以上の目標に向けて背伸びをする瞬間が、成長につながると思うのです。

人は、自分の実力よりも高い目標に向かっているときに、モチベーションが上がるものです。しかし、あまりにも高すぎて「何をどうすればいいのか」を逆算できないと、具体的な行動に移すことができず、成長にはつながりません。**成長し続けるには、「実力以上」であり、「具体的な行動に移せる」ような、目標設定が重要なのです。**

僕自身、一番成長を感じたのは、総合商社時代に経験した「部署史上最大のトラブル」と、「成約すれば部署でもトップ3の売り上げに相当する新規案件」を同時に担当した1年間でした。今振り返ると、この二つの案件を通して加速度的に成長したと実感しています（二度と同時に担当したくない出来事ですが……）。

当時は明らかに業務量がパンクしていました。かといって周りも忙しいので、最低限のサポートしか頼りにできません。そういった環境に不満を感じたこともありましたが、「自分が何をするべきか」を考え続けて行動したことで、成長できたのだと思います。さらに、あの苦しい経験を乗り越えたからこそ、別の会社でもやっていける自信がついたこともたしかです。

もちろん、働いている以上、体を壊してしまっては元も子もないので、どうしてもつらいときは声を上げて逃げ出す勇気も大切です。心身ともに調子を見ながら、難易度が高い仕事が目の前にきたときは、成長のチャンスと捉えてみてください。

チャンスは「取る」ではなく「やってくる」

「ギブ&テイク」という言葉を聞いたことがある人もいると思います。

しかし僕は、この言葉に違和感を覚えます。この言い方だと、「テイク（取る）」前提で「ギブ（与える）」するような感じが否めないからです。

人に何かをしてもらうことを期待して動いていると、相手にもそれが伝わり、総じていい結果にならないことが多くなります。

では、どんなふうに考えればいいのでしょうか。

僕がおすすめしたいのは、「ギブ&カム」。

見返りを求めることなく、周りの人の助けになることを純粋に考えて行動することです。結果的に感謝されたり、ある日思わぬところからいい話をもらったりします。

「ギブ（与える）」することで、何かいいことが「カム（やってくる）」するイメージです。

以前、営業の仕事で取り引きのない会社に出向いたところ、担当者から「すでに他社製品を使っている」と伝えられました。この場合、相手が困っていないのであれば、自社の製品に替えてもらう理由は見当たりません。ただ、せっかく時間を取ってもらったこともあり、相手の参考になりそうな業界情報や最新製品（他社含む）を紹介しました。

話を重ねるうちに担当者の口から、価格の話が頻繁に出てくることに気づきました。この流れから、「今使っている製品の価格に納得していないのかもしれない」という仮説が立てられます。となれば、その製品に代わる「価格の条件が合う」製品を提案する意義はある。そう思い、情報をギブし続けていました。すると、その会社との取り引きにはつながりませんでしたが、担当者がほかの会社に口利きしてくださり、結果として新しい取り引きができることになったのです。

このような行為が必ずしも仕事につながるとはかぎりませんが、僕が情報を提供していなければ、この機会はめぐってこなかったと思います。

入社年数が浅いと、なかなか役に立てず、歯がゆい思いをすることがあるかもしれません。が、与えられることは意外と身近なところに転がっているものです。

仕事で与えられることが見つからないなら、僕のようにＳＮＳで発信するのも一つの方法です。上司が実践している仕事術でためになったことや、自分が試してうまくいった方法など、仕事上で得たライフハックを発信することで、同じように悩んでいる社会人の力になることができます。

僕自身も、サラリーマンの役に立ちそうな情報を発信していたら、この書籍の執筆やウェブインタビューのお話をいただくことができました。

くり返しになりますが、「ギブ（与える）＆カム（やってくる）」の精神で行動していると、思わぬところからいい話や評判がやってくるかもしれません。これは技術というより、運や縁というめぐり合わせですが、そのくらいの気持ちで取り組むと毎日の仕事も楽しくなります。

平社員でも仕事を選べ

ある程度職場に慣れたら意識してほしいことは、仕事を自分で選ぶ姿勢です。具体的には、「仕事を受ける基準を決めておく」ということです。

入社して間もない頃は、「頼まれた仕事はなんでもやる」という姿勢で仕事に取り組むのがいいと思います。いろいろな仕事を経験することで、その会社のルールや仕事の流れを覚えることができるからです。

しかし、すべての仕事を引き受けていると、いつか仕事が回らなくなるときがやってきます。

たとえば、上司から細かな雑務をお願いされたり、お客様から無理なお願いをされたりするケース。この場合、相手のほうがパワーバランス上は「上」なので、まずは要求に従おうとするでしょう。ただ、いつまでもその力関係に縛られていると、相手の要求に永久に従ってしまうことになります。「自分が無理をすればなんとかなる」という思考になりやすく、純粋に仕事を楽しむことができません。

そうならないように、あらかじめ仕事を受ける基準を自分の中で決めておくのです。

では、その仕事を受ける基準とはどのようなことが考えられるでしょうか。

金額が明確に表れる業務なら数字で考えるのもいいですし、「自分が成長できるかどうか」という軸で考えるのもいいと思います。

仕事を受ける基準を「自分が成長できるかどうか」に置いている場合、経験のある仕事ばかりこなしていても、学びは少ないですよね。**しかし、組織で働く以上、それは誰かがやらなければいけない仕事です。そういうときは、自分が成長できる仕事にアップデートしてみましょう。**たとえば、その仕事を経験したことがない人を巻き込んだり、マニュアルを作って別の人に任せたりしてしまうのも手だと思います。そうすれば、「指導」という新しい経験が生まれ、成長につなげることができます。フォーマットなどの「仕組み」を作るのも新しい挑戦になります。

もちろん、ときにはスケジュールの前倒しやトラブル対応など、突発的な対応が求められるケースもあり、決めた基準が使えないこともあります。状況によっては柔軟な対応も必要です。

重要なのは、「仕事を受ける基準」を作れば、「仕事を主体的に選択している」という誇りが生まれやすくなることです。誰かに頼まれたからやるのではなく、自分で選んでいるという意識があったほうが、仕事へのモチベーションも高まります。

ここでお伝えした考え方は、若手社員のみなさんは少し難しいと感じるかもしれません。大切なのは、仕事に主体性を持つこと。一日の大半を占める仕事を「やらされている感覚」で行なうのはもったいないですよね。

「会社の力」ではなく「個人の力」が重視される時代です。組織内のいち社員という立場でも、自分で仕事を選ぶ意識を常に持ってほしいと思います。

仕事はあえて明日に持ち越せ

仕事が山積みになっていたり、モチベーションが高かったりすると、つい頑張りすぎてしまうものです。そんなみなさんにお伝えしたいのは、「今日、もう少し残って頑張ろう」という考えが、生産性を下げる可能性があることです。

退勤前に多い悩みとしては、

「今日残ってやったほうが明日ラクになるかな」
「まだ同僚や上司が仕事をしているから自分もやろうかな」

などが挙げられるのではないでしょうか？

今日のうちに仕事を進めてしまえば、一見、早く成果を出すことにつながりそうです。しかし仕事は、学校のテストのように出題範囲は決まっていませんし、答えもありません。「もう少し先までやっておこう」「もっと質を高めよう」というマインドは大切ですが、どこかで区切りをつけなければキリがないのです。

しかも残念なことに、人はロボットではないのでどこかで疲れが出てきます。脳が疲れている状態で仕事に取り組んでも、生産性が落ちることは明白です。

常に高い生産性を保って成果を出すためには、「今日どこまで仕事を進めるか」の線引きが欠かせません。仕事に線引きをすると、毎日のやるべきことが明確になります。

つまり、**「今日必ず終わらせなければいけない仕事」が決まるということです。**

僕自身もそうですが、締め切りが迫ってくるとテキパキ動ける、という経験はないでしょうか？　「明日やってもいい」という気持ちで取り組むときと、「今日必ず終わらせなければ」という気持ちで取り組むときのスピードを考えたら、後者のほうが圧倒的に早いのは想像にたやすいと思います。生産性を高めて成果を出すためにも、毎日の仕事に線引きは欠かせないのです。

では、その線引きの定義は何でしょうか。

僕は次の3つを意識しています。

その仕事を今日やらなければ、
・翌日誰かが困る（社外含む）
・何らかの損失が出る
・評価が間違いなく下がる

このいずれにも当てはまらないのなら、それは明日以降に回しても問題ないということです。

逆に当てはまるなら、踏ん張ってでも仕事を終わらせましょう。

逆説的ではありますが、仮に定時退社をルーティンにするなら、「残るべきときは残る」のが大原則です。緊急対応やチームで協力する必要があるときは、残って働くことも大切です。たとえ定時に帰ると決めていても対応します。

やるべきことをやっていないと、周りからの信頼は下がる一方です。「仕事もしないで先に帰るなんて……」と、非難の的になりかねません。「いつも早く帰るけど、やるべきことはやっている」という印象（事実）を作れば、働きやすさはぐんと高まるはずです。

ちなみに、たまに「こっちは仕事をしているのに、先に帰るなんて……」と、自分と周りが同じ動作をしていないと文句を言う人もいますが、こういう人はスルーして問題ありません。

組織で働いている以上、助け合いは必要です。が、足の引っ張り合いは時間の無駄なので、無視にかぎります。

ふだんからしっかり成果を出しておけば、社内で無意味に敵が増えることはありません。

本当に残ってまでその仕事をする必要があるのかどうか見極めるのは、慣れないうちは難しいかもしれません。しかし、組織に属している以上、仕事は逃げません。明日でもできることを躊躇なく判断して、生産性を意識した行動を心がけてください。

ただし、後回しにしすぎて締め切りを過ぎることがないように、前倒しで行動することは最低限意識しましょう。

コラム

印象は「清潔感」で決まる

清潔感は社会人にとって大前提ではありますが、意外と細かいところまで気を配っている人は多くありません。清潔感があるかないかで周りの反応は大きく変わります。有名なメラビアンの法則によると、印象を決定する情報の55％は視覚情報だそうです（残り38％は聴覚情報、7％は言語情報です）。

つまり、話し方が上手でも、伝えている内容が面白くても、印象は〝どんな人が話しているか〟でほとんど決まるのです。

たとえば仕事でメンバーを選ぶ立場になったとき、同じ能力で清潔感のある人とそうでない人、どちらを選ぶでしょうか？　十中八九、清潔感のある人ですよね。

顔や身長、スタイルはなかなか変えられませんが、清潔感は努力や習慣で変えることができます。地味な努力ですが、周りに与える影響は絶大。とくに僕のような営業マンは、清潔感の有無がそのまま数字にはね返ってきます。

そこで、清潔感を出すために、今日からできることを紹介します。

ポイントは、「髪型」「歯」「服」「靴」「運動」です。

1　まずは「髪型」を整えよ

まず顔まわりに関することで、手っ取り早くできるのが「髪型」です。**顔はもっとも見られるパーツなので、印象は髪型で大きく左右されます。**とくに社外の人と会うときは、相手にいい印象を与えるために、男女とも清潔感を意識するようにしましょう。

就活中は、誰もがきっちりとした髪型を意識していたと思います。社会人はそこまでする必要はありませんが、相手にマイナスな印象を与えないためにも、「清潔感」を演出して、最低限のケアを心がけましょう。

2 「歯」を気にしないのは日本人だけ

顔まわりに関して、「歯」のメンテナンスも外せません。

多くの先進国では、歯並びや白さのためにメンテナンスをすることが当然ですが、日本人でケアをしている人はほとんどいません。

あるデータによると、定期的に歯科でケアを受ける人は、アメリカの8割に対して日本では1割にも満たないそうです。歯の健康には無頓着な日本人ですが、印象に大きな影響を与えるのは言うまでもありませんよね。たとえば口臭があると、それだけでマイナスポイントです。ホワイトニングまでできればベストですが、定期的にメンテナンスをしてもらうだけでも、虫歯や歯周病の早期発見、口臭の予防にもつながります。

歯の定期検診は保険適用なので、1000~2000円で受けることができます。ちなみに僕は、3ヶ月に1回行くようにしています。

3 「服」はフィット感が絶対条件

見た目に関して顔と同じくらい欠かせないのが「服」です。とくにスーツやジャケットは「フィット感」が重要。職場でスーツやシャツを着用している人も多いと思いますが、肩のサイズが合っていなかったり丈が長かったりすると、それだけでだらしない印象を与えます。肩幅やサイズが合っていると印象も良く、清潔感を演出できます。

購入するときは、面倒でも店頭で試着すると間違いがありません。**ブランドものでなくてもいいので、肩まわり、腕まわりなどが自分のサイズにフィットするものを選ぶことをおすすめします。**これは私服を購入するときも同様です。

4 「靴」の手入れはルーティン化せよ

「靴」は、定期的な手入れがものを言います。とくに革靴は定期的に磨いておくと何年も履き続けることができます。

磨かずに放置しておくと、靴の変化になかなか気づけません。**革靴にかぎらず、靴底がすり減っていたり、靴の先が白くなっていたりすると、それだけで清潔感から遠ざかってしまいます。**毎日でなくてもいいので、定期的に磨いて印象で損をしないようにしましょう。僕は2週間に1回、日曜日の夜にまとめて靴磨きをするようにしています。道具を一式そろえなくても、手を汚さず磨けるシートタイプの靴磨きも売っています。それを使って毎日ケアするだけでも、相手に与える印象が変わるはずです。

5 「運動」は最強の身だしなみ

ここまで気軽にできるケアを紹介しましたが、そもそも体そのものがだらしないと、それだけで損をしてしまいます。1〜4に加え、定期的に「運動」して体を絞ることで、印象をコントロールしましょう。

とくに30代になると腹まわりに変化が起きやすいので、20代のうちから運動を習慣づけておくメリットは大きいです。筋トレは自宅でもできるのでおすすめです。

僕の場合は、筋トレやジョギングに加えて鍼灸院《しんきゅう》にも通っています。週1回、鍼《はり》を打ってもらうことで、体のバランスを整えているのです（鍼灸院にもよりますが、価格帯は1回3000～5000円程度です）。

以上、清潔感を出すために今日からできることを紹介しました。これらを意識的に取り組むことで見た目の印象も変わり、周りの反応も変わってくるはずです。

スキルアップも大切ですが、まずは周りの人に評価してもらうための土俵に立つことが先決。毎日少しでもいいので意識して取り組んでほしいと思います。

第2章

どの会社でも
評価される人になる

入社1年目からの仕事術

組織に属するサラリーマンである以上、
「評価」から逃れることはできません。
この評価は、目に見える成果だけでなく、
感覚的な印象など、あらゆる要素から成り立っています。
そこでこの章では、議事録や提出物を作成するコツから、
組織内で印象を高めるテクニックまで、
どの会社でも使えるノウハウを紹介します。

「社内の歴史」から変革を起こせ

入社したら、まず先輩から仕事の流れを教えてもらったり、就業時間や賃金の決定方法などが書いてある就業規則を読んだりして、会社のルールを把握すると思います。**会社という組織に属する全サラリーマンに共通する課題は、ルールを逸脱しない範囲で最大限のパフォーマンスを発揮すること。**ルールを知らずにスポーツができないのと同じように、会社のルールを知らずに働くことはできません。

しかし、ルールとは、就業規則のように書類にまとめられるものばかりではありません。社会にはいわゆる「暗黙の了解」のような、察しなければいけない状況も山ほどあります。そのようなマニュアルにない情報を早めに仕入れると、「できる新人」として評価されるはずです。

まずは組織に馴染んで仕事に慣れるためにも、その体系化されていないルールを知ることから始めましょう。

新人の初仕事は「フォルダチェック」

就業規則に書かれていない会社のルールは、「社内の歴史」に隠れています。これは、創業や設立といった社史ではなく（それも大切ですが）、**あなたの所属する部署やチームがどんな仕事をしてきたのかということ。**過去に起こった事例とも言い換えられます。

「自分のやり方をどんどん試したい」

と張り切って挑戦したくなる気持ちもわかります。しかし、それは残念ながら自己中心的な考えでしかありません。サラリーマンである以上、周りと連携しながら仕事を進めていくことは必要不可欠。先輩たちが残してくれた成功事例・失敗事例を把握したうえでアクションを起こすのが〝あるべき姿〟なのです。

若手社員が任される仕事のほとんどは、過去に誰かが担当していた仕事です。何かわからないことが出てきたとしても、その仕事の歴史をさかのぼることで、業務フローができた経緯や失敗事例を把握できます。よくあるミスを事前に防ぐことにつながり、その積み重ねがあなたの評価に影響するのです。

また、過去の事例を知ることは、意外な効果もあります。仕事を教えてもらうとき、先輩から「以前、A社で◯◯◯ということがあって……」と切り出されたとしましょう。事前に歴史を把握しておけば、「◯◯◯ですよね？ 過去の資料に目を通しました。××という対応をされたのですよね」と言えます。それだけで、間違いなく社内で一目置かれるでしょう。

では、どうやって社内の歴史を把握するのかというと、とても簡単。**過去に社内で起きたことは、たいていは会社の共有フォルダに入っているので、そこにアクセスするだけです**。とくに、新卒採用を行なう日系企業は会社の歴史が長いため、資料の充実度が高い傾向があります。

入社直後、就業規則に目を通すように、会社の共有フォルダも、比較的余裕のあるタイミングで見るようにしましょう。最初は「仕事の合間に見ればいいや」と思っていても、いざ仕事が本格的に始まると、まとまった時間を取るのは困難です。「入社して何年か経っているけど見ていなかった！」という人も、今からでもいいので読んでみましょう。

ときには、過去の資料を見ていく中で、「なんでこんな慣習があるんだ⁉」と納得できないやり方を目にすることもあるかもしれません。

しかし、それをいきなり変えようとするのはナンセンス。

その会社（部署）には、何らかの過程を経てルールを作り、実践してきた歴史があります。その歴史を尊重する意味でも、まずは流れを把握すること。そのうえで不要だと感じれば、改善に向けて動き出せばいいのです。

発言は空気を読むな

会社の歴史にかぎらず、日頃の業務でも疑問を抱かずにはいられないルールがたくさんあるでしょう。定例会議の多さ（長さ）や書類提出のフロー、最近だと会社によっては出勤の必要性を疑問視する人も少なくないと思います。
自分の意見を持ち、改善のために動くことは社会人として立派な姿勢です。
しかし、いきなり自分の意見を主張すると周りも面食らいます。それが正論だとしても、周りが聞く耳を持ってくれるとはかぎらないのです。そこで、主張ではなく提案するという意識を持ってみましょう。主張と提案は、「相手を受け入れる」という点で大きな違いがあります。

僕がおすすめする提案とは、「場の空気を読みつつ、空気を読まない発言をすること」です。

「空気を読む」とは、相手のやり方を受け入れる姿勢を見せること。そして「空気を読まない発言」とは、これまでと違う意見を伝えることです。

入社1年目の頃、東南アジアへの海外駐在が決まっていた僕は、入社5年目の先輩に仕事を引き継ぐことになりました。先輩に仕事を引き継ぐなんて、新人なら誰もが恐れ多いと感じますよね。僕自身も恐縮しながらも、自分なりに一生懸命引き継ぎを行いました。

中には、非効率なやり方もあったはずです。しかしその先輩は、僕のやり方を否定せず、まずはそのまま踏襲してくれました。そのうえで、「こういうやり方はどうかな？」と、別のアプローチを提示してくれたのです。このとき、まず初めに僕のやり方を受け入れてくれたことで、否定された感覚を抱くことはありませんでした。その後の提案もスッと頭に入ってきたのです。この順序は、新人こそ活用するべきだと思いました。

たとえば、あなたが参加する定例会議では、毎回膨大な資料を印刷して配布しているとしましょう。ここで「ペーパーレス化しましょう」とだけ主張しても、おそらく誰にも響かないと思います。

そこで、「次の会議では、私の議題でペーパーレス化に挑戦してみてもいいですか？」などと提案するのはどうでしょうか。同僚や上司のやり方は否定せずに、まず自分で実験してみる、という体で変革を起こすのです。みなさんが前例を作ってしまえば、周りの人も新しいやり方を取り入れやすくなるはずです。

仕事をスピーディーに進めるうえで、従来のやり方を否定することは決して悪いことではありません。ただし、物事には順序があります。いきなり頭ごなしに否定しても、誰も聞いてくれません。そんなときこそ、「場の空気を読みつつ、空気を読まない発言をする」という姿勢が欠かせないのです。

まずは「相手が言っていること＝正しい」という前提に立って行動する。そのうえで、より良い方法があれば、「こうしたらもっと良くなると思うのですが、いかがでしょうか」と提案する。**この順番を守ることによって、自分だけでなく、周りの人とともに成長できるのです。結果として、チームや会社全体にも影響を与えられる可能性も高くなります。**

シンプルなことですが、こうした小さな積み重ねが、信頼と評価を得ることにつながります。

提出物は「最速の70点」を目指せ

学校のテストは、高得点を取るために制限時間をめいっぱい使うと思いますが、仕事ではNG。短時間で、ある程度の点数を狙うことが求められます。

資料を作るとき、「もっと良くできるはず」と思い、細かく作り込んで提出がギリギリになる人もいます。しかし、仕事はまず「スピード」を重視することが大切。ここでいうスピードとは、提出するスピードを上げることです。

ただ、仕事は「完成度」も大切な要素です。スピードが速くても、そもそも完成していなかったら話になりません。そこで、スピードも完成度も高められる提出物のルールを二つお伝えします。

1　すぐに5分間取り組む

仕事を任されたら、ほかの作業でどんなに忙しくても一度中断して、依頼された仕事に5分間取り組んでください。作業を進めるうちに、疑問点は必ずと言っていいほど出てきます。本格的に着手する前に不明点を解決しておくことで、スピードも質も格段に向上します。

それに、仕事を頼まれて5分以内だと、相手にも質問しやすいですよね（第1章の31ページで、「5分考えてみて、わからなければ聞いてください」と部下や後輩に伝えている背景には、このような意図もあります）。

仕事を依頼した相手も、頼んでから5分後くらいであれば、よほど急いでいないかぎり、気前よく応じてくれるはず。時間が経てば経つほど聞きづらくなりますし、「前に聞いたことを思い出せない……」という冷や汗をかく事態を防ぐこともできます。

2 70点で一度提出する

では、取りかかった仕事は、どのレベルで提出すればいいのでしょうか？

目安は、締め切りまでに余裕を持って「70点」で提出すること。その仕事に1時間かかるとした場合、最初の30分でひとまず70点の状態にして上司に確認してもらい、残りの30分で70点から100点を目指すのが賢いやり方です。

理由は二つあります。

一つは本提出前に一度見せておくことで、方向性が間違っていた場合に軌道修正しやすいからです。仮に、仕事を任せた相手の意図をまったく理解していなかったとしても、早めに正しい方向へ直すことができます（修正がないに越したことはありませんが）。

もう一つは、前もって報告することで、依頼した側に安心感を与えられるからです。逆に、締め切りぎりぎりまで一人で抱え込んでいると、依頼した人も、「あいつは大丈夫かな」と心配になってしまいます。

ここで考えたいのは、ホウレンソウ（報告・連絡・相談）の頻度です。みなさんはどのくらいがベストだと思いますか？

基本は、「あれどうなった？」と聞かれたら、とりあえず失格だと考えてください。受け手の好みもあるので一概には言えませんが、迷ったら、ホウレンソウは過剰すぎるくらいでちょうどいいと思います。頻繁に報告しているうちに、上司から「もうお互い理解できているから、中間報告を減らしてもいいよ」と言われるタイミングが来るはずです。そうなってから、徐々に確認する回数を減らせばいいのです。

僕も転職したての頃は、小まめな事前確認と報告を意識していました。具体的には、最初の半年は上司から仕事を依頼されたら、その場で完成形のイメージを共有。その後、70点の段階で早めに提出し、方向性を確認していました。慣れてからは確認する回数を少しずつ減らしましたが、最初にこのやり方を実践したことで、早めに会社の慣習や仕事の流れをつかむことができて良かったと思っています。

もちろん、この方法はあくまで社内だからこそ通用するもの。社外に提出する書類の場合は、「まず70点でいいや」とはなりません。提出前にこの手法を用いて、社内であらかじめブラッシュアップしておきましょう。

また、重要度の高い書類を提出する場合は、70点で方向性を確認し、99点まで高めたら、最後の1点を全力で取りにいくこともあります。しかし、経験が浅い段階ではおすすめしません。まずは70点を目指して仕上げ、その後は100点にこだわらず、締め切り前に早めの提出を心がけるほうが評価されるでしょう。

最初から高得点を目指して自分一人で抱え込むと、あとから修正する時間を取られてしまい、時間がかかるだけです。スピーディーに仕事の完成度を高めるには、「まずは5分取り組み、70点で一度方向性を確認し、残りで仕上げ」を心に刻みましょう。

確実に「評価」を高める公式

サラリーマンは、会社に貢献した対価として給与をもらっています。その貢献度に、「どれだけ成果を出したか」が影響するのは言うまでもありません。

しかし、主に日系企業では、「上司の評価」という曖昧なものさしを使っていることが多いのも事実です。成果を出すのはもちろん、その成果を正当に評価してもらうテクニックも、身につけておいて損はありません。

僕の考える「評価」は、次の公式で表されます。

A（あなたの成果）－B（あなたへの期待値）＝C（評価）

Cがプラスであれば良い評価、マイナスであれば悪い評価になるという考えです。

Cをプラスにするために、まず力を注ぐべきはAを高めることですよね。

しかし、それ以外にも評価を良くする方法があるのです。次の例をご覧ください。

仮に数値で表したとき、あなたの成果が80だったとしましょう。自分では良くできたと思っていても、あなたへの期待値が１００であれば、

80－100＝－20

になるので、マイナス評価となりますよね。

では、あなたへの期待値が60だったらどうなるでしょうか？

80－60＝＋20

自分のパフォーマンスは変わらないのに、評価をプラスにすることができました。

これは考えてみれば当然です。新入社員に求めることと、10年目の社員に求めることとは違いますよね。その人の実績によって、相手が抱く期待値は変わるものです。あなたへの期待値は、評価に大きな影響を与えるのです。

「同じような結果を出しているのに、どうして自分は評価されないのだろう」

という事態を避けて、着実に評価を高めていきましょう。

このテクニックは2段階に分かれます。

・**期待値を「探る」**（相手は何を求めているのかを知る）

・**期待値を「コントロールする」**

とくに「相手は何を求めているのか」を知ることは、ビジネスの基本。すでに意識している人も多いと思いますが、ここをしっかりおさえているかどうかで、その後の結果は大きく変わります。

では、具体的にどうしたらいいのか、一つずつ見ていきましょう。

1 期待値を「探る」

入社1年目でも、上司から「何かアイデアない？」と意見を求められることはあると思います。このときに「実現できる案を出さないと……」と力んでしまう人もいるのではないでしょうか？　しかし、業界の知識も経験も乏しい新人に、上司が確度の高いアイデアを求めているとは考えにくいはずです。「新人」というあなたの立場を踏まえると、当たり前すぎるかも、と不安になるような素朴な疑問でも、十分価値のある発言になります。

ところが、2年目、3年目と経験を積んでいた場合、ある程度、仕事の背景を理解したうえでの発言が求められます。**つまり、相手があなたの立場や実績を見て、どのような印象を抱くのかがポイント。**それを察することで、あなたが取るべき行動の量や質はおのずと変わってくるわけです。

相手の期待値を察するのが難しい場合は、直接聞いてしまうのがベターです。「◯◯や××はどうかと思っていますが、いかがでしょうか？」と具体的な意見を添えると、相手も回答しやすくなります。自分に求められているレベルがわかれば、力の入れ方を間違えることはありません。

2 期待値を「コントロールする」

相手の期待値（自分に求めているレベル）がわかったら、次はその期待値をコントロールできないかを探っていきます。

ここで、一つの例を考えてみましょう。もし「1日でできそうだけど、もしかしたら2日かかる仕事」があった場合、あなたはどんなスケジュールを組みますか？

僕は以前、海外の出張先で、取引先が発注ミスをしたことがありました。緊急で対応する必要がありましたが、現地の取引先は楽観的で、「1日で解決できるよ」と言っています。しかし、僕の中では2日かかる可能性も否めませんでした。

僕は、もともと1日しか滞在しない予定でしたが、何かあったときのために2日は確保したい。しかし「2日間でなんとかしましょう」と言うと、「じゃあ1日目に終わらなくても大丈夫そうだな」と、全体のモチベーションを下げてしまう可能性もあります。

そこで僕は、自分のスケジュールでは現地に2日間滞在する段取りをしたうえで、取引先にはあえてそのことを伝えませんでした。

案の定、トラブル対応は1日では終わらず、取引先も慌てふためく始末。そのときに初めて、「スケジュールを調整して、あと1日残ることにしました」と伝えると、取引先は安堵した様子を見せました。そして、「せっかく残ってくれたんだ」という気持ちからか、集中して対応してくれたのです。結果として無事、トラブルを解決することができました。

取引先は、トラブル対応が1日では終わらないだろうと察した時点で、僕に対して「あと1日残ってほしい」と期待していました。しかし、当日に予定を変更するのは難しいだろう、とも考えていたはずです。**この期待値が下がったタイミングで、予定を変更したと伝えたのが今回のポイントです。**

これがもし最初から「2日間でなんとかしよう」と伝えていたらどうなっていたでしょうか。無事に終えたとしても、今回ほどの感謝は得られなかったと思いますし、どこかに「2日あるからいいや」という慢心が生まれていたかもしれません。

もちろん、何でも期待値を下げればいいわけではありません。第1章の36ページでお伝えしたように、120％の実力が必要な目標（期待）に向けて切磋琢磨する姿勢は、常に意識しておくべきです。しかし、すべてに全力を尽くすと疲れてしまいますし、中には「報われない努力」も出てくるでしょう。

みなさんが仕事に慣れてきたら、上司に言われる前に準備したり、仕事を得ようと自主的に動いたり、積極的に行動することもあると思います。その頑張りを伝えるタイミング次第で、結果はいかようにも変えることができるのです。正当な評価を得るためにも、期待値をコントロールできることは、ぜひ覚えておいてください。

問題発見・解決には「3つの目」

仕事を進めるとき、よく「複数の視点」が大切と言います。あらゆる観点で物事を見る姿勢は、どんな仕事でも意識したいことです。このとき僕は、**物事を見る「距離」が重要だと考えています。**ポイントは、「3つの目」です。

「虫の目・鳥の目・魚の目」という言葉を聞いたことはあるでしょうか。この3つの目を使いこなせると、問題が起きたときの打開策や、業績を上げる新しいアイデアが思いつくようになります。僕の好きな野菜ジュースを商品例に、一つずつ解説していきます。

虫の目：ミクロの視点で物事を細かく見る

たとえば、あなたが野菜ジュースの営業担当者だとします。取引先はスーパーマーケットです。

野菜ジュースは手を汚さず、手軽に野菜を摂取できることもあり、安定して売り上げが見込める商品です。とくにここ数年、健康志向の高まりもあって売れ行きは右肩上がりです。

ここで仮に「年間100万ケース売る」という個人の目標があったとしましょう。昨年の実績が80万ケースなら、あと20万ケース売るためにどうすればいいか、作戦を考えると思います。**こうした目の前の課題（物事）に対して、解決策を考えるときに使うのが「虫の目」です。**たとえば、過去に売り上げを伸ばした方法を実施したり、競合他社の戦略を参考にしたり、様々なアイデアを出すでしょう。新入社員からベテラン社員まで、働くすべての人が意識するベーシックな視点です。

鳥の目：物事を俯瞰的に見わたす

「虫の目」でじっと考えるだけでは、どこかでアイデアの限界を迎えてしまいます。そんなときは、思い切って離れて見てみましょう。**ここで使うのが、物事を俯瞰して見る「鳥の目」です。**

野菜ジュースを売ることで実現したいことが「エンドユーザーを健康にすること」だとすると、商品を野菜ジュースに限定する必要はないかもしれません。野菜ジュースの製造技術を活かして別の商品を提案・開発したり、野菜ジュースに含まれる栄養素と同等の別材料を安く仕入れて提案したりすることも考えられます。その新しい提案で、「野菜ジュース年間100万ケース」という目標の売上金額を補填する方法もあるのです。こうした、目の前の課題から一度距離をとる「鳥の目」があると、提案の幅がぐんと広がります。

魚の目：世の中や業界全体の流れを見る

以上の二つの目を持つだけでも仕事は成り立ちそうですが、もう一つ持っておくと強いのが「魚の目」です。

魚が潮の流れを感じて泳ぐ方向を決めるように、ふだんから業界の流れやトレンドを見て先手を打っておくのです。 すると、数年先、数十年先、より大きなビジネスに発展させることができます。これは、事業の方針を決めるベテラン社員の視点と思われていますが、年次に関係なく成果が求められる今、若手社員こそ、周りと差をつけるための武器になります。

仮に、エンドユーザーが商品を「買う」ことで健康になろうとする傾向があったとします。しかし数年後、商品を自分で「作る」ことで健康を得ようとするかもしれません。早い段階で、その布石となる活動をしておくのです。

先を予測した行動を取っていれば、いざ野菜ジュースの売れ行きが下火になったとしても、会社としては致命的な痛手を受けずに済みます。むしろ新規事業の立ち上げなど、開拓できる可能性のある市場に向けて資本を投入することもできるでしょう。

ビジネスの視点は、大きな仕事の経験がないと身につかないと思われがちですが、そうではありません。**今担当している仕事がどんなに小さくて細かな仕事でも、離れて見てみると、いつもと違う景色があるかもしれません。**

経費精算一つをとっても、期日までに書類を提出（データ入力）するだけだと「虫の目」でしか仕事を捉えていないことになります。

しかし、たとえばここで「鳥の目」を意識すると、経理担当者が書類のどこを見ているのかを考えるきっかけになります。自分の前後に誰がどんな行動を取るのか、想像するだけで仕事がスムーズに進むはずです。

目の前の仕事に集中することも大切ですが、課せられた目標やノルマを達成するだけになると、視野も狭くなり、仕事の広がりは見込めません。若手時代から複数の視点を意識して、ときには見る「距離」を変えてみる。視点を使い分けられるようになれば、日々の小さな仕事からも、学べることが無限に出てきます。

オリジナルの「社内メルマガ」を送れ

会社から評価されるのは、ホームランのような大きい成果ばかりではありません。小さなヒットを打ち続けるだけでも、入社1年目が同期と差をつけるには十分です。重宝される人材になるチャンスは、意外と身近に転がっています。

誰にでもできるのに、周りの印象がガラッと変わる方法としておすすめなのが**「社内発信」**です。朝の5分程度で簡単にできるのにいろんな人から感謝され、同期と差をつけられる、とっておきの方法です。

たとえば、自分の業界に関連するニュース記事を、メールやチャットで定期的に発信するようにします（記事の転送でもOK）。出版業界で働く人であれば、書店の動向や他社の新刊情報に関わる記事をシェアするイメージです。

総合商社に勤めていたとき、「○○メルマガ」と件名をつけて、毎週定期的にメールを送ってくれる後輩がいました。彼の「社内メルマガ」は、業界の情報がサクッと手に入るので、社内で評価されていた記憶があります。

「記事を探すのに5分では厳しいんじゃないの？」と思う人もいるでしょうか。じつは、記事を探して発信するには十分なのです。その具体的な方法を紹介します。

情報収集に必須の「Googleアラート」

5分で記事を探し、「社内メルマガ」を送る手順は、次の通りです。

①気になるキーワードを「Googleアラート」に登録する
②毎日届く記事の中から、発信先のメンバーの興味・関心の強そうなものを選ぶ
③「○○メルマガ」や「○○通信」といった件名をつけてメールを送る

Googleアラート（https://www.google.co.jp/alerts）とは、ユーザーが指定したキー

ワードを含む記事が登場したときに、自動的にメールで通知してくれるサービスです。その記事は、最新ニュースから個人のブログまで、あらゆるメディアからピックアップしてくれるので、あまり知られていない情報も入手できる可能性があります。送られてきたメールの中から気になる記事を選び、部署やチーム宛に転送するだけで、「社内メルマガ」の完成です。

余裕が出てきたら、記事をコピー&ペーストするだけでなく、その記事のポイントを一言添えると、より喜ばれます。とくに上司から「よくこんな記事を見つけたね」などといい意味で勘違いしてもらえたらしめたもの。たった5分で高い効果を得られるのです。

情報発信を継続すると自分に情報が集まってくるので、知見がたまるメリットもあります。発信している内容の分野でキャラを確立させることも十分可能です。もしそうなれば、社内でも一目置かれるようになるはずです。

またメールやチャットで情報発信すると、受け取った人が都合のいいときに見ることができるので、相手の時間を邪魔しないという点でも有効です。

このように情報の収集と発信は、お金もかからず誰もがすぐにできる方法でありながら、抜群の威力を発揮します。

まずは「自分宛メール」を送れ

先ほど、「余裕が出てきたら一言添えると喜ばれる」と言いましたが、いきなり自分の意見やアイデアを送るのは勇気がいると思います。そもそも、大人数の同僚を宛先に連絡するだけでも、初めは尻込みするのではないでしょうか。

そんな人におすすめしたいのが、自分だけにメルマガを送ることです。

次の日の朝に送るメルマガを前日のうちに作って、自分宛に送ってみましょう。送られてきたメールはその日に開かず、次の日の朝に見てみます。

すると、あたかもほかの人から届いたかのように感じ、客観的な視点で見ることができるのです。

夜中に「いいこと思いついた！」と気分よくメモしても、翌朝冷静になってみると、「なんでこんなつまらないことを思いついたんだろう……」と感じた経験はありませんか？　メールを送って一度アイデアを寝かせるのは、思考を落ち着かせる意味でも有効な手段なのです。

リフレッシュした頭でメルマガを見返して、「役立ちそう」「的外れなことは言っていないな」と感じるなら、メルマガを受け取る同僚も同じような感想を抱くはずです。もし「何か変だ」と感じたなら、修正すればいいだけのこと。より良い情報や意見を添えて、送信してみましょう。

ちなみに、アイデアを思いついたときに、多くの人はまずメモ帳（デジタル、アナログ問わず）に書くと思います。この「メモ」のデメリットについて考えたことはあるでしょうか？

メモは、自発的に見返して初めて威力を発揮します。つまり「意思を持って見返すこと」が大前提。見返すのを忘れてしまうと、メモの意味がないことになります。

一方で自分宛メールは、半強制的に見返す状況を作ります。「意思を持って見返さないといけない」というメモのデメリットを、メールに変えるだけで解消することができるのです。

周りと違う行動を取るのは勇気が必要ですが、たった5分のアクションでも評価は大きく変わります。とくに、今回の方法は自分自身の知識を増やせるというメリットもあります。まずはGoogleアラートの設定、そして自分宛メールのシミュレーションから始めてみませんか。

便利屋だけは避けろ

入社1年目の人は、基本的にすべての仕事に挑戦するべきだと思います。「苦手だな」と思うことでも、経験自体が財産となり、可能性を広げられるからです。

しかし、そのマインドを持ち続けることには危険もあります。頼まれる仕事を何でもかんでも引き受けていると、「○○さんは頼みやすい」と思われて、便利屋扱いされてしまいがちです。「頼みやすさ」は組織で働くサラリーマンとして評価されるべきスキルではありません。しかし、**不毛な仕事を振られないための準備をしておくことも同じくらい大切です。**

「一点突破」のスキルを磨け

その準備の一つが、**「一点突破」**を意識することです。

これは、何でもいいから、「××ならあの人に聞け」というスキルを身につけること。エクセルやパワーポイントなどのパソコンスキル、語学力など、一つでも頼られるスキルを持っていると強みになります。

こう書くと、「パソコンスキルや語学じゃないとダメなの？」「自分には一点突破と言えるほどのスキルがないんだけど……」と嘆く人がいると思いますが、悲観する必要はありません。一点突破の能力は、それ以外のスキルも含むからです。

たとえば「Zoomの操作が得意」なら、使い方がわからない人に教えられますよね。オンライン会議が増えた一方、年齢が上がるにつれ使いこなせていない人も多いので、重宝がられるはずです。

同じように、「ネットワークの仕組みを熟知している」とか、「プリンターの不具合を調整できる」というのも十分スキルになります。

さらに、

・ワインに詳しい

・流行りのものに詳しい
・キャッチコピーを考えるのが得意
・ガジェットに詳しい
・イラストを描くのが得意

こうした何気ないスキルも、思わぬ武器になる可能性を秘めています。

「〇〇のことなら××に聞け（頼め）」と、何かの分野でタグ付けされる人になれば、自分の得意分野に近い仕事が回ってくるかもしれません。直接仕事に関係なさそうなスキルが会話の種になって、ふだんの業務では関われない他部署の人とつながるきっかけになることもあります。

何でも頑張りすぎる〝いい人〟ほど、「スキルが何もない……」と悩みやすいものです。何も思いつかない人は、就活時に行なった（はずの）自己分析に、あらためて取り組んでみてもいいでしょう。もしくは、友人や周りの人に聞いてみるのも手です。自分では思ってもみなかった「良さ」「強み」が見つかるかもしれません。

きっとそこに、あなたが一点突破できるヒントがあるはずです。

「弱み」こそ武器になる

一点突破できるような強みを身につけている人にも、苦手なことはあります。しかし、苦手分野を無理に克服しようとする必要はありません。**何らかの強み（＝尊敬される要素）を持っていると、「弱み」も武器になり得るからです。**

僕の知り合いのAさんは、飲み会に行くとすぐに寝てしまいます。お酒に弱いのに飲んでしまうので、すぐに潰れてしまうのです。

ところがAさんは、とにかく仕事が速い。ふだんは会社の役員として、周りから畏敬の念を持たれている人です。だからこそ、同席した人たちはAさんが寝てしまっても、「しょうがないな〜」と受け入れます。

仕事ができないのにお酒で潰れてしまうとただの「ダメな人」ですが、Aさんのように、ふだん仕事ができるという強みのある人が弱みを見せると、愛される要素になります。

つまり、尊敬される「強み」があることで、「弱み」を活かせるのです。

人には必ず苦手な分野があります。それを100点に近づけようと努力する姿勢は大切ですが、苦手なことを頑張るより、得意なことを頑張ったほうがやる気も出ますし、いい結果も得やすいはず。

まずは尊敬されるような「強み」を身につけましょう。強みが確立されればされるほど、あなたの「弱さ」は応援される武器となり、スキルだけでなく信頼も得ることができます。

議事録はオンライン時代の必需品

オンラインで会議や打ち合わせをする機会が増えた今、「議事録」や「サマリー」の重要性が増しています。議事録とは文字通り、会議の内容を文字で記録したもの。サマリーとは、打ち合わせなどの内容の「まとめ」になります。

とくに入社1年目の場合、この議事録係になることが多いと思います。

もしかしたらみなさんの中には、会議の内容はよくわからないのに、議事録係として招集されている人もいるのではないでしょうか。わからない話を、ひたすらタイピングするのはつらいはずです。

そこで、議事録を自分の成長要素にするために、次の3つを意識してみてください。

一つ目は書く内容です。

議事録やサマリーに書く内容は、基本的に「打ち合わせ内容」「決まったこと」「次回に向けてやること」の3点のみです。初めのうちは、ひたすら聞き取れた言葉をメモし続けてもいいですが、最終的にはこの3点さえおさえていれば問題ありません。逆に言えば、これらが記載されていないと、議事録の意義がなくなると考えていいでしょう。

次は、「打ち合わせ内容」に感想を書かないことです。

たまに、内容の欄に「自分の解釈」や「誰かの個人的な感想」を書く人もいますが、事実と感想は別モノです。この二つを混ぜてしまうと、読む人が内容を整理しにくくなります。**まずは、その内容が会議内で出てきた「事実」なのか、会議を通して誰かが思った「感想」なのか、意識してみてください。**

最後の一つが、「鮮度」です。

会議が終わったあと、議事録をまとめるのが遅くなり、次の日に参加者へ送ったとしましょう。人の記憶は想像以上に曖昧で、会議の内容が次の日には頭の隅へ追いやられていることも珍しくありません。そんな状態の人たちに昨日の議事録を送っても、正確に確認してもらえる可能性は低くなります。

議事録には「記録」としての役割がありますが、それと同じくらい、「全員を同じレベルにまで理解させる」役割が強いと思っています。質の高い議事録は、会議に参加していない人が読んでも流れを理解できます。そのため、鮮度の高いうちに提出し、確認してもらうことが、議事録の力を発揮するために必須なのです。

ちなみに、この議事録係を通して得た経験は、社外の打ち合わせでも使うことができます。

とくに電話や口頭で済ませがちな相手の場合は要注意。あとで「言った・言わない」の議論に発展するリスクがあります。打ち合わせ後、1時間以内にサマリーを送っておくことで、そのリスクを防ぐことができます。

オンライン会議の普及によって、コミュニケーションのズレが生まれやすくなっている今、議事録やサマリーを通じて同僚や上司、社外の相手と事実を確認する行為の重要度は増しています。これらの書類があることで、仮にその場に参加していない関係者も、様子をつかむことができますよね。

ちょっとしたボタンのかけ違いがトラブルに発展するケースはよくあります。議事録係を「若手社員の雑用」と思わず、何年先も使えるスキルだと考えて取り組んでみてください。

依頼の順番でスピードは決まる

サラリーマンの仕事は、一人で完結する業務よりも、人と協力して進める業務のほうが圧倒的に多いです。日報や報告書などの一人で行なう業務も、上司に提出すると捉えると、すべての仕事は人とつながっていると言ってもいいでしょう。

初めは先輩から仕事を教わると思いますが、数ヶ月も経てばみなさんもチームの一員として仕事を担うことになります。そのときに増えるのが、「人に仕事をお願いする」ということです。ここでは依頼するときのポイントを二つ紹介しましょう。

仕事はパス回しのイメージで進めろ

みなさんは、仕事の順番をどのように決めるでしょうか。まず挙げられるのは、

「期日」を基準にする方法です。締め切りを意識して仕事を進めるのは、社会人の基本です。

しかし、仕事を進めるうえでもう一つ大切なことがあります。それは、**自分が抱える仕事をできるだけ少なくすることです**。これは、「誰かにお願いする仕事を優先すること」とも言えます。

仕事は、社内外を含め、多くの人が関わっています。大きく、**①自分だけで完結する業務**と、**②誰かの確認が必要な業務**の二つに分けられます。

バスケットボールでは、ボールを持ったプレイヤーは、5秒以内にドリブルやパスなどのアクションを起こさなければいけないルールがあります。そのイメージで、パスを回す必要のある仕事は、早めに自分の手から放してしまうのです。その間に自分の仕事をすれば、①と②、両方の仕事を同時に進められるというわけです。結果、終了する時間を早めることができます。

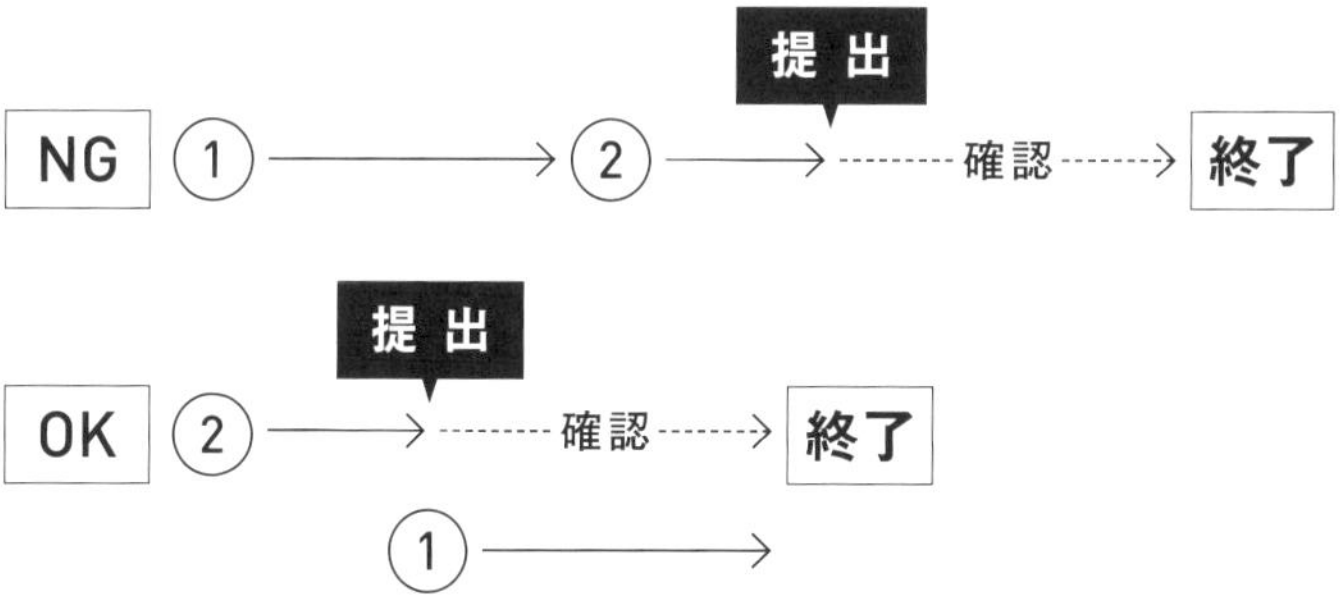

①自分だけで完結する業務
②誰かの確認が必要な業務

仮にもし、①と②の順番を逆にしたらどうなるでしょうか。

①の自分一人でできる仕事を優先していると、②の誰かにお願いする仕事は、いつまで経っても進みません。結果、締め切り近くになってから確認をお願いしなければならなくなり、周りに迷惑をかけて自分にとっても不幸な結果になります。

ふだんから、依頼する仕事は早めにパスを回して、自分一人でもできる仕事はそのあとに取り組むことで、仕事を進めるスピードは格段に上がります。この積み重ねによって、仕事に余裕を生み出せると言っても過言ではありません。

僕も新入社員の頃、この仕事の進め方については上司から口酸っぱく言われた記憶があります。

仕事を手がける順番一つでそんな大げさな……と思うかもしれませんが、こうした一つひとつの行動をバカにせず地道に続けることで、多くの仕事をスピーディーに手がけられるようになるのです。

「急ぎです」の価値を下げるな

ここまで、「仕事は依頼するものから先にやる」ことの大切さをお伝えしました。

人にお願いをするときは、重要度や緊急度を意識すると思います。メールで「急ぎ」と記載したり、「○日までに」と期日を明確にしたり、この意識はすでに持っている人が多いのではないでしょうか。

では、重要度・緊急度はどのように判断すればいいのでしょうか。ここで使えるのが、次の図です。

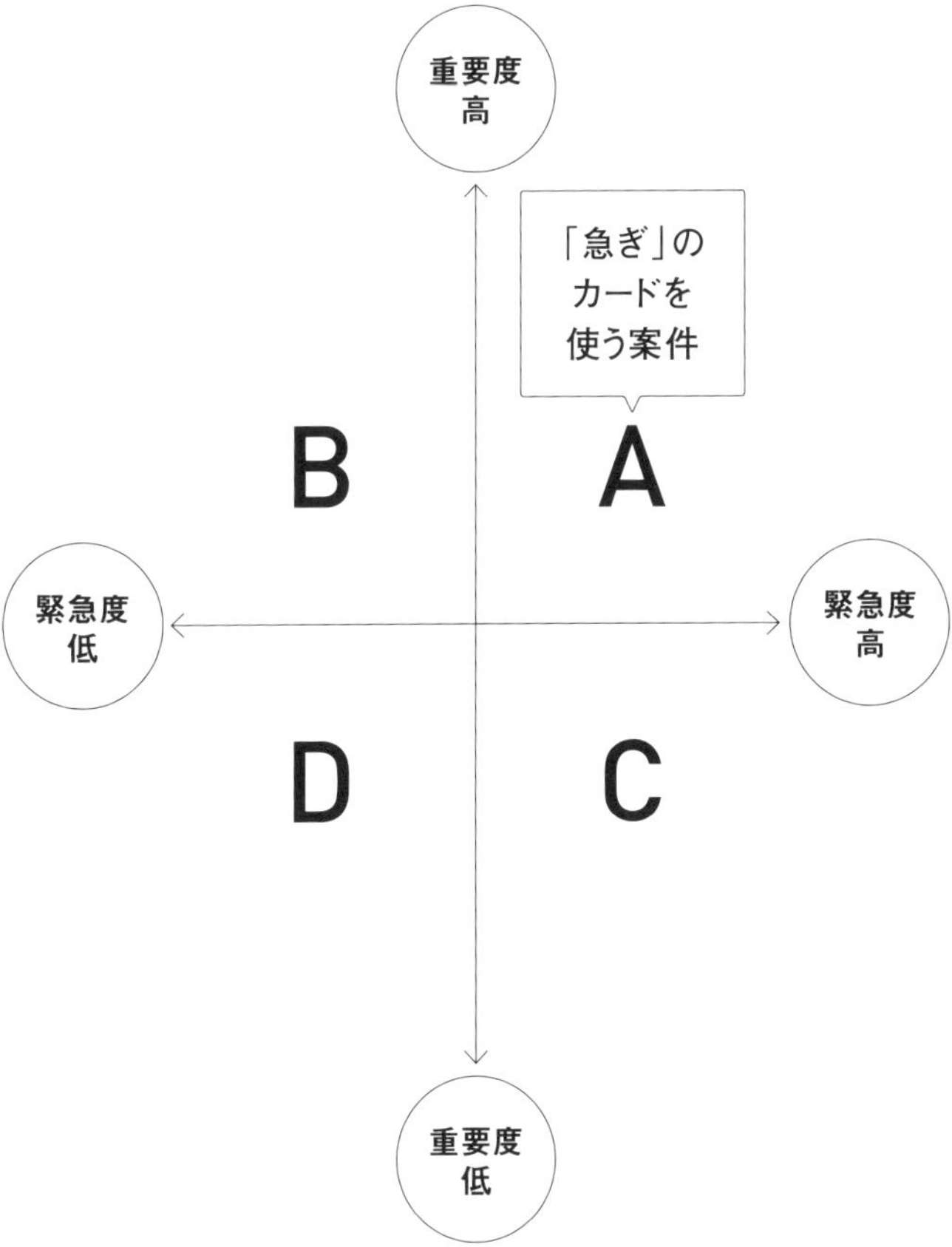
重要度
高
「急ぎ」の
カードを
使う案件
B
A
緊急度
低
緊急度
高
D
C
重要度
低

これは「緊急度・重要度のマトリクス」といって、世界的ベストセラー『7つの習慣』（キングベアー出版）の著者であるスティーブン・R・コヴィー氏が提唱したタスク管理法です。仕事の優先順位の判断に迷ったら、次の4つの領域に分類します。

A：重要度も緊急度も高い案件
B：重要度は高いが緊急度は低い案件
C：緊急度は高いが重要度は低い案件
D：緊急度も重要度も低い案件

マトリクスの詳細は、すでにネットなどでも議論し尽くされているので割愛しますが、業務が山積みになっているときこそ、重要度・緊急度を考えて対応するのが、効率よく仕事を進めるコツだと考えます。

ここで注意することは、自分の考える重要度・緊急度と、周りの人が考える重要度・緊急度は必ずしも一致しないということ。自分は緊急対応が必要だと思っていても、周りがそう思っていないと、協力は得られません。

そのためにも、「急ぎ」のカードは多用しないのがベターです。

ふだんから頻繁に「急ぎでお願いします」と言う人がいますが、「急ぎ」のカードを使いすぎると、その価値を下げてしまいます。

「急ぎ」と伝えるのは、「A：重要度も緊急度も高い案件」のときと決めておくと、周りとの認識も一致しやすくなります。それ以外の業務については、余裕を持ってお願いする習慣をつけておくこと。そうすることで、いざ本当に急ぎで重要な案件が出てきたときに、快く対応してもらうことができます。自分も相手も気持ちよく、かつスピーディーに仕事を進められるでしょう。

ちなみに、先ほどの「緊急度・重要度のマトリクス」は、自分の長期的なキャリアの考え方にも応用できます。**キャリアでもっとも意識すべきは、「B：重要度は高いが緊急度は低い案件」です。**

「英語を話せるようになりたい」

「副業で稼げるネタを探したい」

「希望異動先があることをアピールしたい」

など、重要度は高いけれど後回しにしてしまいがちなものほど、あなた自身のキャリアにとって大事な要素になることをお忘れなく。

生産性は「スケジュール」が命

突然ですが、この本でもよく言葉にしている「生産性」の定義を考えたことはありますか？　代表的な考え方は、「生産要素（原材料・エネルギーや労働者など）を投入することによって得られる産出物（製品・サービスなど）の割合」です。簡単に式で表すと、「生産性＝産出（アウトプット）÷投入（インプット）」となります。

この本では、みなさん一人ひとりが成果を出すための方法を紹介しています。つまりここでは、**「生産性＝個人の成果÷労働時間」**と考えていいでしょう。

サラリーマンは良くも悪くも労働時間が制限されています。その制限下でどれだけの成果を出せるかを問われているのです。**時間の使い方こそが、生産性のカギと言っても過言ではありません。**まずは時間管理の基本である「スケジュール」について、考えていきましょう。

「余白」と「締め切り」を作れ

よく、スケジュールを考えるときは「余白を作ろう」と言います。僕はそれと同じくらい、**作業ごとに「締め切り」を作ることが大切だと感じています。**

次ページのようなスケジュールを立てているとしましょう。

この日に集中して取り組む必要のある仕事は「企画書作成」です。現状では会議のあとに予定しています。ただ、誰かと打ち合わせたあとは、周りから話しかけられたり上司から何かを依頼されたりして、集中して取り組めないかもしれません。さらに、ダラダラと作業が長引いて昼休憩に差しかかる可能性も考えられます。

そこで、「余白」と「締め切り」を意識してスケジュールを立て直してみましょう。

たとえば、会議のあとに余白時間を入れるとどうでしょうか。会議の時間が少し延びても、誰かに話しかけられても、対応する時間を作れます。

また、企画書作成はA社との打ち合わせ前に変更してみます。打ち合わせには遅刻

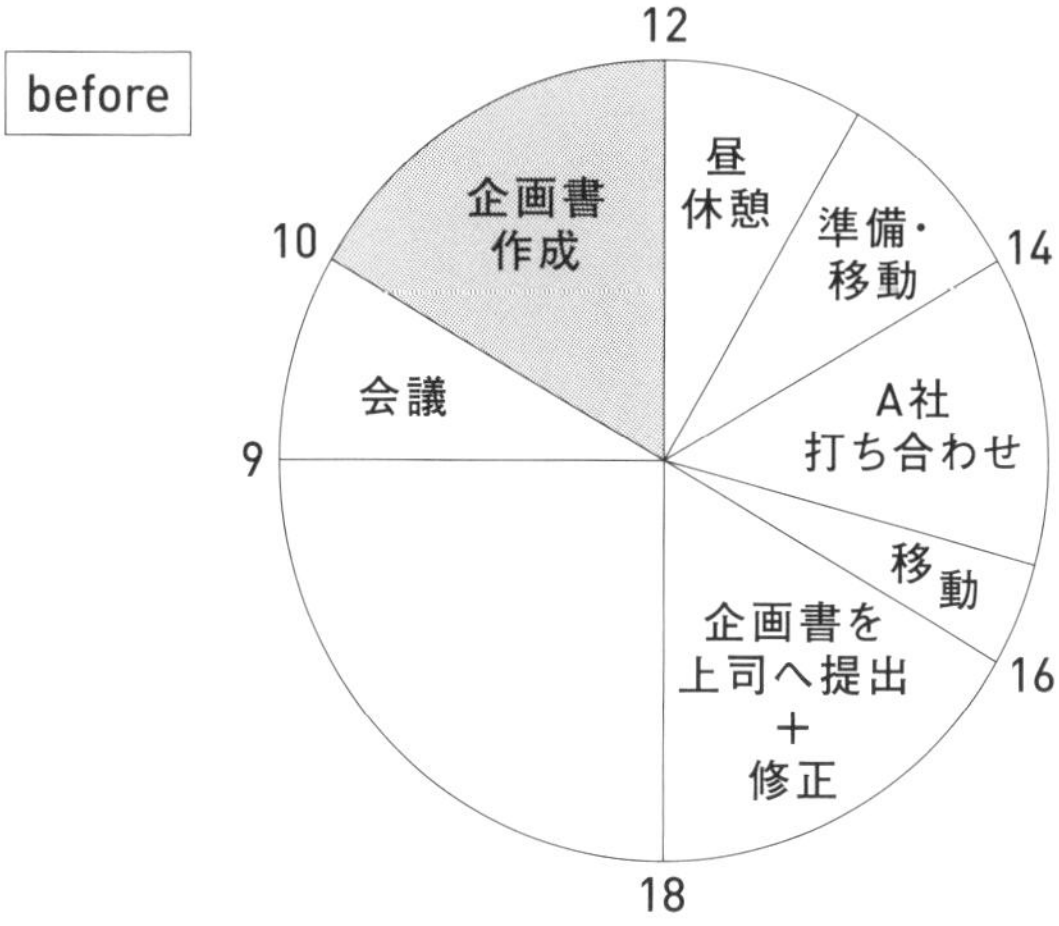
before
12
昼
休憩
準備・
移動
14
A社
打ち合わせ
移動
16
企画書を
上司へ提出
＋
修正
18
9
会議
10
企画書
作成

↓

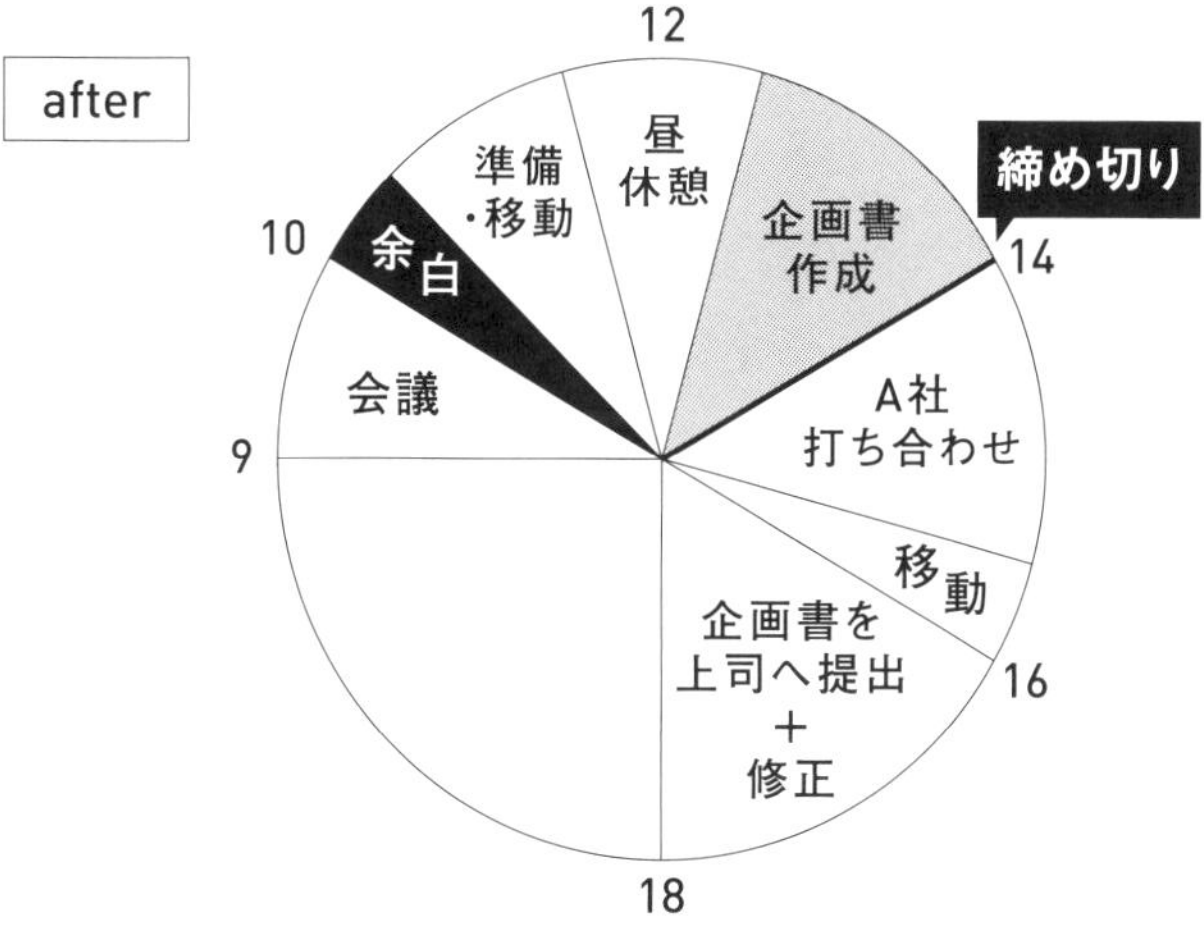
after
12
昼
休憩
企画書
作成
締め切り
14
A社
打ち合わせ
移動
16
企画書を
上司へ提出
＋
修正
18
9
会議
10
余白
準備
・移動

できないので、強制的に締め切りを設定することができます。この強制力は、「時間がある」と思いながら作業するより、仕事のスピードも質も格段に上がるはずです。

ちなみに僕は、取引先を訪問する際、30分前には最寄りの駅に到着するよう心がけています。早めに行動することで電車などの遅延に備えることができるのはもちろん、**「アポまで30分」という制限があるおかげで、作業に集中できるのです。**個人的には、このアポ前の時間こそ集中できる時間です。オフィスで行なうよりも、2〜3倍生産性が上がる傾向にあります（イシコ比）。

「時間を区切る」という意味では、プライベートの予定を先に入れておくのも有効です。事前に予定を入れておくことで、予定の時間までに仕事を終えられるよう努力しますし、時間の使い方も意識するようになります。もちろん、仕事の状況によってはリスケすることもありますが、予定があればダラダラと残業する意識がなくなります。

余白と締め切りを自ら作ることは重要です。「思うように仕事が進まない」「なかなか集中できない」と悩む人こそ、スケジュールの立て方から見直してみてはいかがでしょうか。

「サボり」を予定に組み込め

就業時間内に生産性を上げる方法として、僕は**「戦略的サボり」**もおすすめしています。

この「戦略的サボり」とは、「問題のない範囲で自分の好きなように働く」という意味です。生産性を上げるためには、「自分で区切りをつけられるかどうか」が大きなカギを握っていると考えています。

僕自身、2020年のコロナ禍で、しばらく自宅で仕事をしていた時期がありました。それまでは会社に出勤するのが当たり前だったので、ずっと同じ場所で作業をするのは、なかなかしんどかったです。その際、意識的に取り入れたのは「散歩」です。ずっと家にいると思考が停滞して生産性も下がる気がしたので、仕事がひと区切りついたら、家の周りを散歩すると決めて実行していました。外に出ることでリフレッシュできますし、家の机に向かいっぱなしでは思いつかないアイデアが出てくることもありました。

自分で「サボり」のタイミングを意識して作ることで、「次はこの仕事を頑張ろう」と、うまく気持ちを切り替えることができます。

新入社員の場合、先輩や上司がデスクに向かって仕事をしているのに、自分だけ気晴らしに休憩するのは気が引けるかもしれません。**しかし、仕事は成果を出してこそ評価されるもの。集中力が切れたまま仕事を続けても、いい結果にはつながりません。**定時までの間に「戦略的サボり（＝区切り）」の時間を意識的に作ることで、一つひとつの作業への集中力を高めることができます。

散歩だけではなく、ときにはカフェへ行くなど、生産性を高める目的であれば、サボることに後ろめたさを感じる必要はありません。成果を出すためにも、入社後の早い段階で取り入れてほしい考えです。

朝からスタートダッシュをかける「3つの準備」

効率よく仕事を進めるには、朝時間の使い方も外せません。

朝一番の仕事でもっとも多いのは、メール（チャット）の確認と返信ではないでしょうか？　もし、出社したらまず「メールをなんとなく開いている」のであれば、次の3つのポイントを意識して朝時間の過ごし方を見直してみてください。

1　集中力が高い時間帯を探る

僕は優先順位の高い仕事を必ず朝に行なうようにしています。経験から、朝がもっとも集中力の高い時間帯であることに気づきました。この集中力をメールの返信に使ってしまうのはもったいないと思ったのです。昼以降は、夕方にかけてだんだん集中力が下がるため、事務作業を織り交ぜたり、コーヒーを買いに行って体を動かしたりして集中力を持続させます。

「朝はやる気が出ない」という人は、朝に経費精算などの事務作業、午後に重要度の高い仕事を行なうなど、順番を入れ替えてみるといいと思います。

ただ、会議や打ち合わせが午後にある場合は、先ほども述べたように周りからの声かけなどがあり、仕事が中断されるリスク大。かといって残業しようと思っても、定時後は終了時間が決まっていないのでダラダラ働きやすくなり、結果的に長時間労働になる可能性も高くなります。

よって、午後に効率がアップするのなら、その時間帯に用事を作って外出するのも一つの方法です。カフェに行く、もしくは社内の会議室を確保して仕事をしてみるなど、仕事に集中できる環境を自ら作り出すことが大切です。

自分が集中力を発揮しやすい時間帯がわかれば、漠然と仕事をせず、いつ何をやるべきなのかを冷静に判断できるはずです。

2　「やること」は前日に決める

パフォーマンスを上げるには、「翌日やるべきこと」を前日にイメージしておくことも重要です。これは、第1章でお伝えした僕の先輩のやり方を真似した結果、効果があったので紹介します。

「誰かの相談に乗ったあとデスクに戻ったら、何をやっていたか忘れてしまった」ということはないでしょうか。あるいは休み明け、何から着手しようか考えているうちに1時間経ってしまった……ということもあるかもしれません。

この、**「次に何をやるか考える時間」を減らすと、作業効率がアップします。**出勤して、何をやるかが決まっているのとそうでないのとでは、仕事に取りかかるスピードが違いますよね。

とくに休み明けは、仕事のエンジンがかかりづらくなります。夏休みや年末年始などの長期休暇明けほど、オンとオフの切り替えが難しいものです。

そこで、休み明けからすぐにスタートダッシュをかけられるように、休みに入る「前」に準備しておきます。**休み明けにやることを、あらかじめTODOリストに書き出しておくのです。**

たとえば土日が休みの人であれば、金曜日に、翌週の月曜日にやるべきことをメモに残しておきます。そうすれば、月曜日の朝に出社して「これから何をしようかな？」と考える間もなく仕事に取り組めて、週始めからいいスタートを切ることができます。

もちろん、休み明けすぐにエンジンがかからないこともあるでしょう。ただ、あらかじめやることを準備しておくことで、朝の限られた時間を極力無駄に使わずに済みます。省けることは前日や休み前に用意しておくことで、朝時間を有効に使うことができるのでおすすめです。

3 「退勤時間」を宣言する

「今日は○時に帰るぞ！」と、心の中で決意した経験はないでしょうか。

ところが、人の意志は弱いもの。結局仕事が長引いて残業になり、決意した時間に帰れなかった……、という人も多いのではないでしょうか。その決意を無駄にしないためにも、**朝、出勤した時点で「退勤時間を宣言」することをおすすめします。**

理想は、上司や同僚に「今日は18時に帰ります」などと宣言すること。ただ、**実際は職場で言いづらいこともあると思うので、ひとまず付箋に退勤時間を書いて、目につく場所に貼っておいたり、スケジュールアプリで共有したりするだけでもOKです。**目標が目に入ると、自然と意識するようになります。

ちなみに僕はいつも出社前、妻に帰宅時間を伝えるようにしています（たまに守れなくて怒られますが……笑）。

時間を決めれば、あとは実現に向けて動くのみ。誰かに伝えたり、時間を書き留めたりすることで、それがモチベーションとなり、行動せざるを得なくなります。そのあとは先ほどお伝えしたTODOリストをもとに、仕事を進めていきましょう。

さらに自分を追い込むには、108ページでも述べたように、定時後に予定を入れておくのも効果的です。「退社時間を宣言するだけでは、なかなかモチベーションが上がらない」という悩みへの処方箋となります。

僕は平日、ジムに行く時間は「19時」と決めています。19時から開始するには、必然的に会社を18時に出なくてはなりません。18時に出ることが決まっていれば、午前にこの仕事をして、午後にあの仕事をして……と、逆算してスケジュールを立てますよね。半ば強制的ではありますが、こうして自分を追い込むことができます。ダラダラと仕事をすることもありません。

たとえ定時退社が難しくても、退勤時間が今より1時間早まれば、年間削減時間は約200時間になります。時給2000円であれば、40万円分の時間が創出されることになります。

働き方改革が声高に叫ばれ、今後、労働時間はますます削減の方向に向かうことは必至です。加えて、給与も削減される可能性があります。本業では「定時退社」を前提に時給を最大化させ、退社後の時間を勉強に充てれば、仕事も私生活も充実させることができます。

「朝、会社に着いたら退勤時間を決めて宣言する」を徹底し、定時まで効率よく働く習慣をつけましょう。

コラム

業務外の時間まで気を配れ

第2章の中で、生産性は「時間の使い方」が左右すると言いました。その生産性を高めるために、業務時間内の工夫はもちろん大事ですが、**仕事に入る前（業務外）の時間にも意識を向けると、驚くほど効率が良くなります。**

次の小さな二つのポイントを意識してみてください。

サラリーマンは日曜日の夜から始まっている

みなさんは、日曜日の夜をどう過ごしているでしょうか。

「明日から仕事か……嫌だな」と思うと、つい快楽の時間を優先してしまいがちです。YouTubeやゲームを楽しんでいるうちに、いつの間にか曜日が変わり、翌朝寝不足で満員電車に乗り、冴えない気分で出社、という人もいるかもしれません。
じつは、この「日曜日の夜」をどう過ごすかが大きなポイント。過ごし方次第で、月曜日の朝から気分よくスタートを切れるかどうかが決まります。週始めから全力疾走できれば、その後の仕事も効率よく進められます。日曜日の夜を数時間ダラダラ過ごすより、睡眠時間をしっかり確保して平日5日間のコンディションを優先させるほうが、人生が豊かになることは間違いありません。

僕の場合、平日は23時（遅くとも24時）に寝て、翌朝は6時頃起きています（正確には子どもに起こされます）。
ただし日曜日の夜だけ1時間前倒しして、22時頃には寝るようにしています。8時間しっかり眠ることで、月曜日の朝から全力で仕事に取りかかることができます（「ぐっすり眠れた」と感じる睡眠時間は人によって異なるので、7時間でも6時間でも、自分がしっかり眠れたと思えることが重要です）。

中には「そんなことを言われてもなかなか寝つけないよ……」という人もいると思

います。**そこで、夜にしっかり眠たくなるよう、布団に入る時間を早めるだけではなく、夕方からアクションを起こすことをおすすめします。**

まず、ぐっすり眠るためにはほどよい疲れが必要です。そこで僕は16〜18時に運動と入浴の時間を作っています。体を動かすとエネルギーが消費され、心地よい疲れが生まれます。さらに入浴することで、その疲れを癒やすこともできるのです。

細かい話をすると、湯船に浸かることで体温は上がります。じつはこの体温を上げることが睡眠には不可欠。眠気は、体の奥の体温（深部体温）が下がることで生じやすくなります。つまり、入浴することで体温が上昇するぶん、下げ幅も大きくなり、眠気が生じるというわけです。

ちなみに、入浴とあわせてサウナや水風呂を使うのも効果的です。

以前、『医者が教えるサウナの教科書』（加藤容崇・著、ダイヤモンド社）を読んだときに、サウナや水風呂に入ると、たっぷり運動したときのように熟睡できるという説明がありました。サウナで大量の汗をかき、水風呂で毛穴が引き締められることで体温調整がめまぐるしく行われ、その結果、体を休めなさいというシグナルが出るようです。実際に運動後、サウナと水風呂を利用したら効果てきめんでした。

このように、日曜日の夜の過ごし方を意識して変えることで、月曜日の朝からスタートダッシュをかけることができます。1週間の始まりをいい形で始められると、その後の生産性も大きく変わります。仕事の効率が驚くほど変わることを実感してもらえるはずです。

「ランチ」が午後のカギになる

高い生産性を保つためには、じつは「ランチ」もポイントです。

ランチで食べたものが、午後の生産性を決めると言っても過言ではありません。

メニューによっては、食べたあとに眠気が襲ってくるという人も多いと思います。とくに、定食の白ご飯やチャーハン、ラーメンをお腹にかき込んだあとの午後は、なかなかの試練です。

昼に炭水化物をたくさん摂ってしまうと血糖値が乱高下するので眠くなりやすく、

午後の生産性が大きく下がります。**ランチメニューのチョイス次第で、その後の2〜3時間を棒に振ることにもなりかねないのです。**

そこで僕は「ランチは軽食にして、30分以内にサクッと摂る」をルールにしています。12時半〜13時の間に外へ出て、時間があるときは定食を少なめに、そうでないときはサンドウィッチとコーヒーで済ませます。

軽食だと15分ほどで済むので、ランチ時間が1時間だとしても、残りの45分を有効に使えます。さらに、食べすぎないので午後に眠たくなるリスクも減らすことができます。

僕はチャーハンもラーメンも大好きですが、前述のように、炭水化物を多めに摂ると午後の集中力が下がるので、平日は控えるようにしています。そうすると、13時からも眠たくならずにエンジン全開で仕事を再開できます。

もし、どうしても眠たくなったときは、仮眠してください。デスクでは難しいという人は、トイレに10〜15分こもって目をつむるだけでもリフレッシュできます。

中にはランチ時間を思いっきり楽しんだほうが、逆に午後の仕事のモチベーションが上がる、という人もいると思います。そういう人は、ランチ時間をフルに使って新しいお店を開拓して楽しむのも一つの方法です。

大切なのは、目的を持って時間を過ごして、午後につなげることです。

ちょっとしたことですが、午後の仕事を見据えてメニューを選んだり、ランチ時間の過ごし方を変えたりするだけで、午後の生産性は大きく変わってくるはずです。

第 3 章

肩書きがなくても
必要とされる人になる

入社1年目からの自己投資

「学び」の重要性は年々高まっています。
一方で、社会人の1日の平均学習時間は「6分」。
これは自己研鑽に励む人とそうでない人が、
二極化していることを表しています。
会社に頼らず生きる力を伸ばすために、
この章では「自己投資」について紹介していきます。

自己投資で人生は変わる

第2章までは、どの会社でも活躍できる仕事術を紹介しました。しかし、日々の業務の中で学べることには限界があります。たとえば、語学力や文章力、プレゼン力などの個人スキルは、業務内で勉強時間を与えられることはほとんどありません。

たとえそれらの知識や能力が今の仕事に必要ないとしても、どの会社でも活躍できるように、スキルアップは常に目指すべきです。**自分が今いる場所以外の知見を身につけることは、何か起きたときのリスクヘッジにつながります。**社会人こそ、自ら学びにいく姿勢が重要なのです。

学生時代には宿題や試験がありましたが、会社に入るとほぼなくなります。仕事以外で何かを強制されることがないので、自分で意識しないかぎり、日中も帰宅後もダラダラと過ごしてしまいがちです。

入社1年目は、2年目以降よりも任される仕事が少ないはずです。その貴重な1年を「自己投資」に費やして、経験値を上げていきましょう。

僕の場合、最初に入社した大手総合商社を辞めてから、少しずつ自己投資を始めました。具体的には、SNSとビジネス英語の勉強です（英語の勉強法については148ページで詳しくお伝えします）。

SNSを始めた一番の理由は、会社の看板が使えなくなったことで、自分のブランディングが必要だと考えたからです。とくにツイッターは、自らアウトプットしつつ効率よくインプットもできる、貴重なメディアだと思います。

本を出版したり、メディアにも出演したりするような著名人は、一般人からすると「雲の上の存在」に感じませんか。しかし、ツイッターのようなSNS上にいる人は、自分でも挑戦できそうなコンテンツを持つ「手の届く存在」。自分の半歩先を歩んでいる人の思考や行動は取り入れやすいので、大いに参考になります。

また、「140文字」という限られた文字数で「アウトプット→改善」をくり返すことで、小さなPDCAを回し、経験を積むこともできます。

僕もツイッターで地道にコツコツ発信し、改善を続けた結果、フォロワーは4万人を突破（2021年2月現在）。2020年からはブログも開始しました。

フォロワーが増えると「発信力がある」とみなされ、別の方面で活躍できる可能性も広がります。実際、SNSでの発信を始めてからウェブ記事の取材も増えました。今回の出版も、ブログを見てくださった編集者からのお声がけがきっかけで制作がスタートしています。

このようにツイッターは非常に夢のあるメディアでもある一方、使い方には注意が必要です。たとえば、新聞は自分の興味のない記事も目に入ってきますが、ツイッターは読みたい記事（投稿）を発信している人を自分で選んでフォローするので、得られる情報に偏りが生じがちです。

スマホでネットサーフィンを行なう場合も、ついつい気になる記事だけをピックアップしていませんか？　**ネットで記事を読むときは、「得ている情報が偏っている」ことを常に自覚し続ける必要があります。**

SNSで発信する際は、このあたりのメリット・デメリットも理解したうえで使いましょう。

なお、自己投資の手段は、ここで紹介したSNS以外にも、読書や語学の勉強、筋トレなど、いろいろあります。コツは、毎日30分くらいで手軽にできることをチョイスすること。時間がかかるものや難易度の高いものは、長続きしません。マイペースで無理なくできることを選びましょう。

社会人の1日の平均学習時間は1日6分というデータもあります。これは、ほとんどの社会人は学習していないということ。しかし、たった6分でも積み重ねると、1年で約37時間もの時間が生まれる計算になります。数年経てば、学習時間0分の人と大きな差ができることは容易に想像がつきますよね。

自己投資で主体的に自分を磨くことで、可能性を広げることができます。また、経験を積めば仕事で新しい着想を得るなど、いい影響を与えられるでしょう。今日から少しずつでもいいので、始めてみませんか。

「継続」の仕組みを作れ

自己投資を始めるとき、まずは目標を立てると思います。「社会人1年目の間に○○できるようにする」など、目標に向けて努力している人もいるのではないでしょうか。

では、あなたはその目標をいつ立てましたか？

おそらく多いのは「年始」、もしくは「新年度」だと思います。その年の目標を立てて、年末に振り返る——。理想的な目標の立て方ですよね。「今年こそ5キロ痩せる！」と決断して、その日からお菓子をやめて筋トレをするなど、具体的なアクションに移る人も多いと思います。

が、実際にはどうでしょうか。

３日も経てば「ちょっとくらいはいいか」とお菓子に手を伸ばし、1～2週間後には目標がなかったことになっている人も多いのではないかとお察しします（僕の周りでも、年始に目標を立てた人は軒並み失敗しています……）。

いきなり劇的な変化を起こそうとしても、うまくいきません。**とくにモチベーションの高い元日や新年度などの節目をあてにすると、長続きしない傾向にあります。**目標は、時期にこだわらず、**思いついた瞬間に立てるようにしましょう。**

行動は「たき火のイメージ」

では、目標を立て、行動を長続きさせるにはどうしたらいいでしょうか。たとえば、資格の勉強をしたいと思っているとします。理想は「半年後の試験に合格すること」です。ところが、平日は仕事で時間を確保しにくく、かといって週末ものんびりしてしまい、実現せず……となりがちです。

では、どういった行動なら無理なく目標を達成できそうでしょうか。僕なら、「平日は昼休憩のときだけ問題を解く」という行動を考えます。

行動が続かないのは、新たに時間を作り出そうとするからです。そうではなく、**ふだんの行動に少しでいいので新しいことを「織り交ぜて」いく**のがポイントです。

たき火をするとき、いきなり大きな火を起こそうとしてもうまくいきませんよね。まずは小さな火をつけることから始め、その火を絶やさないように工夫すると思います。同じように、**小さな行動から始めることが、長続きの秘訣です。**

毎日の行動に新しいことを織り交ぜると無理なくできるので、少しずつでも着実に目標達成に近づきます。いきなり「退勤後カフェで1時間勉強」は難しくても、このやり方であれば、「ランチのついでに少しならできそう」と思えるかもしれません。

ときには、思うように時間が取れないこともあると思います。仕事が大詰めで、昼も帰宅後もクタクタ……ということもあるでしょう。その場合、「翌日（あるいは翌週）カバーすればいい」と、累計で考えるようにします。

先ほどの例で言うなら、余裕のある日は終業後に勉強タイムを設けて、お昼時間を取れなかった日の分を、全体で帳尻を合わせるようにするのです。1日の行動だけ見れば目標未達でも、月全体で見れば達成となりますよね。

決めたことを毎日100％できるのに越したことはありませんが、難しいときはハードルを下げて行動すること。そうすればプレッシャーを感じることなく、マイペースに目標に近づくことができます。

合格点は低すぎるくらいがベスト

「そもそも、行動を起こすまでが難しくて……」という場合は、「ここまでやれば合格」という自分なりの基準を思い切り下げてみましょう。

勉強なら「問題集を開くだけ」、読書なら「1ページだけ」など、行動のハードルをとことん下げます。本を開くだけでも、「自分に勝った！」と思えば気がラクになりませんか？

僕は週2回ジムに行って運動すると決めていますが、気が乗らないときは、ジムで風呂だけ入って帰ることもあります（ジムに着いたら気が変わって、結局は運動することが多いですが）。

ジムに行けば、やる気がなくても運動する可能性が高まるため、「ジムに行かない」という選択さえ取らないようにすればいいのです。その仕組みとして、僕は出社前に、ジムに行く用意を終わらせて荷物を玄関に置いています。これで、帰宅後に決心が揺らぐことなくジムに向かうことができます。このような「行動をゼロにしないための工夫」も大切です。

行動はたき火のように火を絶やさないイメージで小さく続けること。これを実践できれば、目標達成に近づけるはずです。

1日が26時間になる「ながら行動」

先ほどお伝えした通り、行動が続かない理由のほとんどは、その行動のためだけの時間を新たに作り出そうとしているからです。

とくに新入社員は、日々の業務を覚えて成果を出すことが最優先です。そんな忙しい社会人におすすめなのが、新たに時間を設けることなく、二つの行動をとれる**「ながら行動」**です。

「ながら行動」とは何か？

「ながら行動」とは、二つ以上の行動を同時にすること。「通勤時間に英語の勉強をする」「歯磨きをしながらスクワットをする」などが挙げられます。

僕は、週1〜2回、会社から自宅まで走りながら帰っています（「帰宅ラン」と呼んでいます）。同時に、オーディブル（本の朗読音声）を聴いているので、読書とランニングを同時にしていることになります。

電車で勉強することもありますが、車内が混み合っていて、本もスマホも出せないケースがあります。そこで、帰宅時間を長くしてでも確実に勉強できる方法を用意するようになりました。**「帰宅×運動×読書」を同時に行なうことによって「一石三鳥」となり、時間の濃密度が増すのです。**

ちなみに、社会人の勉強で人気なのは「英語、会計、ＩＴ」だと聞いたことがあります。先ほど挙げたオーディブルなどの**「耳学習」**は、どの分野を勉強するにしても活用できるのでおすすめです。

何かを始める勇気が出ない人は、まずは「勉強」の意識を取り去って、すでにある行動に重ねてみましょう。自己投資の習慣がない人こそ、「ながら行動」は大きな効果を生み出すはずです。

移動時間を制する人は、自己投資を制する

僕の経験から言うと、**ながら行動にもっとも適した時間は「移動時間」**です。

たとえば電車で、新聞やウェブニュースを見ることで、気軽にインプットができますよね。僕は行きの電車では電子版の新聞を読んでインプットし、帰りの電車ではツイッターでアウトプットするようにしています。

語学の勉強に関心のある人であれば、通勤時間をリスニングに充てるのも一つの方法です。限られた時間だけでも外国語を耳に入れることで、リスニング力を鍛えることができます。本や筆記用具は不要。スマホとイヤホンさえあれば、電車の混み具合に関係なく勉強できる点も魅力です。

僕の場合、以前はTOEICで高得点を目指すべく、行きも帰りも英語のリスニングに充てていました。語学力を底上げしたい人は、このように通勤時間を活用すると、勉強するために新たな時間を作らなくて済むのでおすすめです。

限られた時間を有効に使うことで、1口の濃度は高まります。どんなにやる気があっても、帰宅後は疲れてなかなか行動できないかもしれません。かといって、仕事前にカフェで勉強するのもハードルが高いと思います。**移動時間を最大限に活用することで、新たに時間を捻出することなく自己投資の時間を確保できるというわけです。**

電車に乗るとついスマホでラインやネットサーフィンをしてしまう……という人もいると思いますが、その場合は**「勉強へ誘導する仕組み」**を作り出しましょう。ちなみに僕は、iPhoneの背面タップ機能を活用して、タッチするだけでKindleアプリを立ち上げられるように設定しています（2021年時点）。

初めは難しいかもしれませんが、目的に応じて過ごし方を変えるだけで、大きな充実感を得られるようになります。通勤時間や移動時間を有効活用するという小さな一歩が、人生を変える大きな一歩になるのです。

本は全部読まなくていい

「自己投資」と聞いて、読書を思い浮かべた人は多いのではないでしょうか。ふだんあなたはどんな本を読むことが多いですか？

小説、エッセイ、写真集、漫画、ビジネス書――いろいろあると思います。

本は、その道のプロが全身全霊をかけて書いたもの。書き手の経験や思いが詰まった集大成とも言えます。**それが単行本、とくにビジネス書であれば１５００円程度で購入できるのですから、費用対効果は抜群。迷ったら買うにかぎります。**

とくに、自己投資としてビジネス書を読む場合は、このあとに紹介する読み方を試すことをおすすめします。

ビジネス書を読む人の中には冊数にこだわる人もいますが、「読み方」は、冊数以上に大切なことです（小説やエッセイなど、プライベートで読む本はのぞく）。

ビジネス書を読むときのコツは、次の二つです。

①心に響かない本や読み続けるかどうか迷った本は、読むのをやめる
②本に書いてあったことは一つでいいので行動に移す

①の「心に響かない本や読み続けるかどうか迷った本は、読むのをやめる」ですが、**僕は、本には「読みどき」があると思っています。**

20代のときに響かなかった内容でも、30代になって読むと、妙に納得することがあります。20代と30代とでは、経験や考え方も多少変わっているので、響く内容も変化するのです。そのため、「本を買ったら最後まで読まないといけない」と思い込む必要はありません。迷ったときは、勇気を持って読むのをやめましょう。途中でやめるのも戦略です。

②の「本に書いてあったことは一つでいいので行動に移す」ですが、とくにビジネス書（自己啓発書）は、読んで満足してしまいがちです。しかし、読むだけだと実になりません。言葉をメモしておいてあとから見返したり、本に書いてあることを実践し

たりすることで、初めて読書の意味を成します。**ビジネス書を読むことと「行動」はセットで考えましょう。**

若手社員におすすめのビジネス書

せっかくなので、ここで僕のおすすめ本を紹介したいと思います。僕は毎年、読んでよかった本の上位10冊を「#ishicobook ベスト10」としてnoteで紹介しています。ここでは、その中にないものも含めて紹介します。いずれも役に立つ本ばかりなので、ぜひ参考にしてください。

『転職と副業のかけ算』（ｍｏｔｏ・著、扶桑社）

本業で得た経験を活かして、別の切り口で副業にチャレンジすることをすすめる一冊。まずは目の前にある本業で結果を出すことが、副業や転職につながる最短ルートであることを伝えています。

第4章で詳しくお話ししますが、僕はキャリアにおいて「プランB」という考えを大切にしています。副業や転職（プランB）に力を入れる前に、まずは本業（プランA）に真剣に向き合うことで相乗効果が出てくるという考え方が、僕の考えとも合致していて共感できました。

『知らないと損する給与明細』（大村大次郎・著、小学館）

サラリーマン必携の一冊。給与の仕組みについて深く学べると同時に、いかに自分たちが搾取されているかということを実感できます。サラリーマンが使える所得控除13種類のうち、会社が手続きしてくれるのは3～4種類。僕自身、この本を読んで現実を思い知りました。会社に頼り切らずに生きていく必要があることを強く感じるきっかけになった本です。

『苦しかったときの話をしようか』（森岡毅・著、ダイヤモンド社）

父親である著者が、娘のために書きためた「働くことの本質」を紹介する、全社会人が読むべき一冊。自分自身をブランドに見立て「あいつは、ああいう奴だけど、こういうところに価値があるなら、まぁしゃあないな」と言われることが個人のブランド化への第一歩であることを伝えています。この本を読んで、これからは「個人のブランド化」を意識して働く必要性を痛感しました。また著者の子どもに向けて書かれた経緯もあるため、「大丈夫、不正解以外はすべて正解!」といった、子どもへの愛情や優しさを感じられるアドバイスもあり、感銘を受けました。

とくにこれから社会に出る方や、社会に出たばかりの20代にはおすすめの一冊です。

英語は「できそうな印象」だけで価値がある

突然ですが、「ＴＯＥＩＣ９００点」と聞くと、どんな印象を持ちますか？　おそらく多くの人が、「英語をペラペラ話せる」などのイメージを持つと思います。

ところが、現実はＮＯ。もちろん流暢に話せる人もいますが、ＴＯＥＩＣ９００点を取っただけで英語をペラペラ話せるわけではありません。大学入試の英語と同様、あくまでも〝ＴＯＥＩＣの点数〟にすぎないのです。

ここでお伝えしたいのは、そのくらいＴＯＥＩＣ９００点が周りに与えるインパクトは大きいということ。**僕はこの、ペラペラに話せるわけではないのに評価される TOEIC900点を「錯覚資産」と呼んでいます。**この言葉は、『人生は、運よりも実力よりも「勘違いさせる力」で決まっている』（ふろむだ・著、ダイヤモンド社）よりお借りしました。

さらにこの錯覚資産を取得するのは、正しい努力をすれば意外と難しくありません。総じて費用対効果が高い自己投資であると言えます。せっかく英語の勉強をするなら、迷わずTOEIC900点を目指しましょう。

実際は流暢に話せなくても、TOEIC900点を取得したことが「実績」となり、周りが自然と「あいつは英語ペラペラだ」と錯覚してくれます。これにより、海外出張や、海外の企業との仕事など、英語を使うチャンスを得やすくなります。

たとえ〝英語が話せない〟TOEIC900点取得者でも、このチャンスを通してさらに英語力を磨くことができるのです。

僕自身、海外留学を実現させるため独学でTOEICを勉強して870点を取得し、まずは留学の切符を手に入れました。その後TOEIC950点を取得し、仕事でも海外出張の機会に恵まれ、目標の一つであった海外駐在も実現しました。

TOEICの資料によると、TOEICスコアの平均点は588点（満点は990点）。うち895点以上の人の割合は全体の3・6％。受験者の100人に3〜4人しか取れない計算になります。

この数字だけ見ると高い壁のように感じるかもしれませんが、僕のようにネイティブでなくても、900点は勉強すれば十分得られるスコアです。ぜひ前向きに勉強してみてください。


TOEIC900点獲得に向けて注力したいポイントは、「効率」です。社会人になったら、日中は仕事がメインなので、「効率よく」勉強することが何よりも重要になります。

では、TOEIC900点を目指すには、どれほどの勉強量が必要なのでしょうか。TOEICの開発に携わった三枝幸夫氏によると、TOEICスコアを100点アップさせるために必要な勉強時間は、最低200時間です。

つまり現在600点の人が900点を目指すなら、単純に考えると600時間は必要ということ。これは毎日1時間の勉強を2年近く、休まず続ける計算です。

この数字は、じつは日々のスキマ時間を活用すれば十分達成可能と言えます。先ほど135ページで紹介した「ながら行動」を参考に、通勤時間や移動時間、ランチ時間や終業後の時間をできるかぎり活用して、勉強時間を捻出しましょう。
通勤時間が片道30分なら、それを英語学習に充てるだけで1日1時間は捻出できますよね。またランチ時間が1時間あるなら、30分は勉強できます。寝る前にスマホをいじっている時間が30分あったら、それをそのまま勉強時間に充てれば、トータルで1日2時間は確保することができます。

英語は、どの業界でも重宝されるスキルです。たとえ海外出張がないとしても、英語で仕事ができる能力は、これから先無駄になることはありません。そして、せっかく勉強するなら、「錯覚資産」を生み出せるTOEICというツールを活用すべきだと思います。

コラム

イシコ流・TOEIC900点を達成する勉強のコツ

仕事のコツではありませんが、せっかくなので、ここでTOEICの勉強のコツについてお伝えします。

とくにTOEICは時間あたりの問題数が多いため、十分な対策が不可欠。解くコツを知っているかどうかで、得点にも大きく差がつきます。ここでは、まず「ボキャブラリー」「リスニング」「リーディング」の3つに分けて説明していきます。

「ボキャブラリー」は1万語を目指せ

ボキャブラリーはTOEIC攻略の「要」であり、英語力の「要」でもあります。

TOEICは問題数が200問ととにかく多いので、少しでも多くの単語をマスターしておくことが欠かせません。わからない単語があっても、前後の文脈から読み取れるくらいの語彙力を身につけておくと、着実に得点につなげられます。

TOEIC900点を目指すには、「1万語」が語彙数の目標ラインと言われています。**1万語というと膨大に感じるかもしれませんが、これはネイティブの小学生と同等の語彙力レベル。**TOEIC頻出単語をおさえておけば、問題なくカバーできます。まずは自分に合った参考書を1冊だけ使い倒しましょう。語彙については基本的に1冊で十分ですし、何よりボロボロになるまで使うと達成感があります。何回もくり返し目に焼きつけて、着実に語彙力を上げていきましょう。

「リスニング」は満点がマスト

リスニングは、TOEIC900点を目指すなら、「満点」を取りにいくことがマストです。「満点」と聞くと難易度が高く感じられるかもしれませんが、そうではありません。問題内容は日常生活やビジネスシーンの基本を問うものなので、適切な準備を行えば、十分手の届くレベルです。

ＴＯＥＩＣのリスニング問題は全１００問で、制限時間は約45分。最後の10分は見直しに充てるとして、１問あたりにかけられる時間は約21秒。それほど多くはありません。**焦らず確実に解答して得点に結びつけるには、「英語を英語のまま」理解するのが理想的です。**

具体的には、ＴＯＥＩＣ対策用の音声を何度も聴くことをおすすめします。加えて、自分の声でも発音するとより効果的です。**正しく聴き取ることと正しく発音することは表裏一体。**隙あらば音声を聴いて、発音するように心がけましょう。「聴いたら発音する」のくり返しがスコアに直結します。

英語を正確に聴き分けるには、英語に触れる機会を増やすことが欠かせません。問題数が多い参考書でＴＯＥＩＣ独特の出題形式に慣れつつ、特徴と傾向を把握していきましょう。

なお、試験当日のリスニング問題は、会場内のスピーカーから問題が流れてきます。勉強するときはイヤホンを使ってもいいのですが、試験日が近づいてきたらスピーカーで聴くようにするなど、本番さながらの練習をしておくと当日慌てずに済みます。

「リーディング」は書き込むな

リーディングもリスニングと同様、「英語の語順で文章を読んで理解するスキル」を上げることがカギになります。いちいち日本語に訳していたら、本番で時間がいくらあっても足りないからです。**いかに短時間で「何が書かれているか」を把握できるかが、リーディングの得点を左右します。**

リーディング問題は全100問で、制限時間は75分。最後の10分は見直しに充てるとして、1問あたりにかけられる時間は約39秒です。リーディングもリスニングと同じく、それほど時間の猶予があるわけではありません。問題は大きく3つのパートに分かれており、それぞれのパートへの時間配分も意識しながら解くことが大切です。

とくにPart7の長文読解問題では、もっともスピードが求められます。**質問を先に読み、「何が問われているか」を理解したうえで答えを探すようにしましょう。**「質問の答えを探す読み方」を習慣づけ、テンポよく要点をおさえてほしいと思います。

なおTOEICは、**問題用紙に書き込みやメモをすることができません。**文章を読みながら線を引いたり単語にマークしたりする習慣がついていると、本番で間違いなく苦労します。

試験問題を解くときは、ふだんから、本番を意識して解くようにしましょう。

また、本番同様のタイムスケジュールと時間配分を意識して解くことで、スピード感も身につきます。本番までに、制限時間10分前には全問題を解き終えるスピード感を身につけておくと強いです。

ここまで「ボキャブラリー」「リスニング」「リーディング」の3つの勉強のコツをお伝えしてきました。「いきなり勉強するのはハードルが高い」という人は、まず動画などで英語に触れる機会を増やし、英語に対する耐性をつけましょう。

とくに「TED」は、飽きずに楽しめる教材としておすすめです。

おすすめ教材

1 TED

TED（Technology Entertainment Design）は、大規模な講演会「TED Conference」

を定期的に開催、配信している非営利団体です。

登壇者のスピーチの内容はテクノロジーやエンターテインメント、デザインなどバラエティに富んでおり、スティーブ・ジョブズ氏といった世界的著名人から一般の人まで、様々な知識人が登壇しています。

いずれも超一流のプレゼンターなので興味深い話が多く、日本語字幕で聴くだけでもかなりの勉強になります（ちなみに僕は、社会心理学者であるエイミー・カディ氏のスピーチを電車の中で聴いたことがあるのですが、あまりに面白く、夢中になりすぎて駅を乗り過ごした経験があります）。

YouTubeで無料視聴できるのはもちろん、字幕がついているので、聴き取れない箇所があっても一時停止しながら振り返ることができます。ジャンルも多岐にわたるため、まずは仕事に直結する内容、あるいは興味がある分野のプレゼンターの話を選ぶと飽きにくいと思います。

リスニング力を鍛えるという意味では、聴き方にもコツがあります。結論から言うと、**「字幕なし→英語字幕付き→日本語字幕付き→もう一度字幕なし」の順で視聴するのです。**

先に字幕付きで見てしまうと、どうしてもわかった「気」になりがちです。そうではなく、まずは字幕なしのフラットな状態で聴き、わからない単語があっても「こんなことを言っているのではないか」と想像することで、リスニング力を鍛えることができます。そのあと、英語の字幕を見て答え合わせをしていきます。

中には聴いたことのない単語や意味のわからない単語もあると思いますので、それを日本語字幕で確認します。ここまでくれば、プレゼンの全貌をかなりつかめます。最後にもう一度字幕なしで聴くと、最初に比べて理解力は格段に上がっているはず。このサイクルをくり返すことで、英語力は上達していきます。

「字幕なしだと、まったく内容を理解できない」という人は、初めは字幕付きでスタートしてもかまいません。理解できないものを聞き流していても面白くないですし、リスニング力は上がりません。あなたの英語のレベルに合わせて選んでください。

なお、僕のおすすめのTEDは、デイビッド・グラディ氏の「ひどい会議から世界を（あるいは自分だけでも）救う方法」と、ケリー・マクゴニガル氏の「ストレスと友達になる方法」です。どちらも学びの多い内容で、人を惹きつけるプレゼンの勉強にもなりました。

おすすめ教材

2 海外ドラマ

海外ドラマや映画を観るのも勉強になります。

今はNetflixやAmazonプライム、Huluなど、サブスクリプションの動画サービスが豊富にあり、教材に困ることはありません。

僕も以前は、英語の勉強になると思い海外ドラマを観ていました。日本語の字幕を観たあとに英語の字幕を観ると、「気にするな」という一言でも「Don't worry」「Never mind」など、いろいろな言い方があることがわかります。このやり方だと単語帳を見て勉強するよりも楽しく、かつ生きた英語を勉強できるメリットがあります。また、**「お勉強感」を感じづらく、趣味の延長として始められることからも、おすすめの教材です。**

おすすめ教材

3 英語ニュース・英字新聞

慣れてきたら、ニュースを英語で聴いてみるのも勉強になると思います。僕はポッドキャストで毎日5分、NHKニュースの英語版を聴くようにしています。時事ネタを拾いつつ、英語の勉強もできるので一石二鳥。聴き取れなかったり、単語の意味がわからなかったりしても、毎日少しでも聴き続けていると、なんとなく「これはこういう意味かな?」と、あたりをつけられるようになります。聴くだけでいいので、ハードルが低い点も魅力です。

同じ理由から、英字新聞もおすすめです。「The Japan Times」では、日本のニュースを英語で発信しています。**ふだん読んでいる新聞やウェブメディアでニュースをチェックしたあと、この「The Japan Times」を読むと、日本語と英語の表現を比べられて勉強になります。**

最近ですと、ポッドキャストだけでなく音声メディアのVoicyなどでもビジネス英語のチャンネルが充実していますので、ご自身で探してみるのもいいかもしれません。

ここで紹介した教材の中から、自分が楽しんで勉強できるものをチョイスしてみてください。モチベーション高く勉強を続けられると、英語力は自然と高まります。日常生活に、英語を少しずつ取り入れていきましょう。

第 4 章

会社を
選べる人になる

入社1年目からのキャリア戦略

会社がみなさんの身を守ってくれる時代は終わりました。
もし今の会社に満足していても、その仕事内容や待遇、
人間関係が永遠に続くとはかぎりません。
多くの人が一度は「転職したほうがいいのかな」と
悩むタイミングがやってくるはずです。
そのときに、理想を実現する最善の選択を取れるよう、
みなさんに「正しいキャリアの考え方」を紹介します。

「転職しない」を最適解にしろ

「新卒の会社選びに失敗した」
「ほかにやりたいことが見つかった」

このように、キャリアを積むことで、新たな選択肢が見つかることがあります。そのときに備え、転職をはじめとするキャリア戦略は、入社1年目から考えておくべきです。

一昔前に比べて、「転職」という選択はネガティブなものではなくなりました。キャリアアップ、年収アップを目標にする人にとっては近道とも言えるでしょう。新卒入社の社員の3割が3年以内に退職しているというデータからも、早い段階でキャリアを軌道修正する選択がマイナーではないことがわかります。

僕自身、大学卒業後は、積極的に新卒採用をしている大企業への入社を選びました。その会社はインフラや制度が整っていたため、優秀な上司・先輩からの教育や、会社の福利厚生など、多くの恩恵を受けました。名のある人気企業に勤めているという「錯覚資産」も、その恩恵の一つです。

そのような環境でも、「このまま今の会社に居続けていいのか」という疑問は常に抱いていました。一つの会社に勤め続けることが現実的ではない今、同じような疑問や不安がある人は多いはずです。

結論からお伝えすると、僕は「転職」を選択し、結果として年収は倍近く上がりました。理想の生活や人生に近づくことができたため、新卒入社した大企業を飛び出して良かったと思っています（なぜ転職を決意したのかはのちほどお伝えします）。

ただ、この転職ブームとも言える時代に、僕は声を大にして伝えたいことがあります。それは、**「転職すること」が正解ではないということ。**理由は大きく二つあります。

転職は〝手段〟であって、〝目的〟ではない

SNSやブログで、転職した人の成功談を目にすることが増えました。転職のハードルが下がっている中、誰もが一度は「転職したほうがいいのかもしれない」と考えたこともあるでしょう。

このときに忘れないでほしいのが、転職はあくまでも手段であるということ。手段とは、目的を達する過程で使う方法のことです。つまり、まず考えるべきなのは〝目的〟なのです。目的を定めていない転職は、目的地を決めずにとりあえず電車に乗るようなもの。これでは、どの駅で降りればいいのか判断できず、いつまでも不安が解消されることはありません。事実、転職して後悔している人を僕はたくさん知っています。

理想の生活や人生、キャリア、夢、これらを考えたうえで、「転職」という選択肢がベストであれば行動に移すくらいでいいのです。

「転職できる、けど残りたい」がベスト

もし今の会社に不満を感じていないのなら、転職をする必要はありません。キャリアアップを目指して奮闘する人もいますが、「給料はそこそこだけど休みが多い」など、自分の価値観に合っていれば、会社に残ることがベストな選択になります。

大切なのは、先ほども伝えた〝目的〟を明確にすることです。

では、満足しているのなら転職を考えなくてもいいのかというと、そうではありません。

くり返しますが、勤め先が倒産やリストラを余儀なくされるかもしれない。もし会社に居続けられたとしても、配属先の仕事はやりたいことではないかもしれない。もしくは、辞令という紙切れ一枚で、家族や友人と離れる生活を強いられるかもしれない――。

これらのリスクに備えるためにも、**年齢に関係なく「いつでも転職できる状態」を作っておくべきなのです。**

この「転職できる状態」は、第1章と第2章の汎用的なビジネススキルやテクニックを身につけ、第3章を参考に自己投資をして、専門性などの強みを磨くことで近づけます。しかし、それに加えて、転職するべきかどうかを判断するための「正しいキャリアの知識」が必要不可欠です。

僕が考えるサラリーマンの理想像は、「転職できる、けど残りたい」と思える会社で働くことです。そのために、人材としてのスキルだけでなく、キャリアの判断軸となる知識というパスポートが必要なのです。

会社や仕事の不一致は、誰にでも起こり得ます。しかし、我慢して働き続けたり、やみくもに転職したりしても、理想の人生には近づきません。「正しいキャリアの知識」は、入社1年目からベテラン社員まで関係なく重要なものになっています。

最終的には希望の会社に勤めて、「転職しない」という選択に自信を持って働けるように、本章で学んでいきましょう。

「用心深さ」は武器になる

「いつでも転職できる」ためには、常に「キャリアの次の手を持っておく」必要があります。僕がその重要性に気づいたのは次の言葉がきっかけでした。

「本業で1000万円稼ぐ人はいる。副業で1000万円稼ぐ人もいる。でも本業と副業のそれぞれで1000万円を稼ぐサラリーマンはほとんどいないよね」

数年前、ツイッター経由でお会いした、ある方との食事での会話です。

本業に加えて複数の収入源を持っておく状態は、まさしく、サラリーマンのリスクを最小限にする働き方の一つだと感じました。

これは副業を推奨したいわけではありません。僕自身、収入を支えるような副業はしていませんし、これからも本業に力を注ぎ続けるつもりです。

大切なのは、「転職できる」「収入源が複数ある」という、何か問題が起きたときの代替案を持っているということです。この考え方を、僕は「プランB」と名づけています。

「プランB（Plan B）」とは、英会話でも使われる「代替案、次の手」を表す意味の言葉です。「go to Plan B（計画を変更する）」「go with Plan B（第二案でいく）」のように、ビジネス英会話の中で頻繁に登場します。

たとえば先ほどの会話の中に出てきた副業は、収入源が複数あるという「プランB」です。もし、会社の業績不振で給与が下がっても、ほかの収入があれば生活費を補填することができます。

また、いつでも転職できる状態にしておくことは、キャリアの「プランB」になりますよね。実際は転職しなかったとしても、未来で何が起きるかわかりません。転職できるだけのスキルを持っていれば、いざ会社が倒産したり、突然解雇されたりしても、すぐに対応することができます。

僕は、すべてのサラリーマンが「プランB」という次の手を意識するべきだと考えています。それは、あらゆる場面で「プランB」を取り入れることは、転職や副業といったキャリアの面だけではなく、**仕事そのものを支えてくれる効果があるからです。これは、どんな環境でも活躍している人の共通点でもあります。**

自信は「代替案」から生まれる

「プランB」という考え方が仕事を支えるとはどういうことなのか、具体的な例で考えてみましょう。

あなたは営業の若手社員で、飲食店で使う設備商品の販売を担当しているとします。30店舗を経営する会社にアプローチを続け、ついに担当のA部長と一対一で商談する機会を得ました。

あなたの熱意ある説明で商品の良さが伝わり、あとは値段の最終交渉を残すのみ。

設備を導入してもらうまで、あと一歩のところまできました。提案している商品の相場は1台100万円。30店舗分導入できれば、3000万円の大口受注となります。

しかし、このA部長はやり手で有名。交渉も厳しいと業界でうわさの、いわゆるスゴ腕部長です。

さて、この状況下で、あなたはどのような準備をしていきますか？

資料を見直して、プレゼンを磨き上げるでしょうか。A部長の経歴や実績を調べて、雑談のネタを準備するでしょうか。できることはいろいろありそうです。

この場合、**絶対に欠かせないのは「断られる可能性を考えて、価格の落としどころを上司に確認しておくこと」**です。

交渉相手となるA部長の出方が読めないのなら、「1台100万円で成約」という想定ですんなりと進まない可能性があります。そこで、事前に上司から次のような許可を取っておきます。

「100万円の定価に対して、95万円までは受けていいですか？　おそらく値引きは避けられないので、98万円くらいを提示して、落としどころを95万円くらいに設定します。それ以下であればはっきりと断るのはどうでしょうか?」

今回の「100万円」という価格での成約をプランAとすると、「95万円」での成約はプランBと言えます。プランAがうまくいかなくても次がある、と思える複数の選択肢をあらかじめ練っておくのです。

このように準備すれば、「価格が高い」という指摘を受けても、落ち着いて対応できるはずです。第二、第三の選択肢を持つことで、「万が一何かあっても大丈夫」と思えるでしょう。心に余裕があると、自信を持って行動できるようになります。その毅然とした態度は、相手にもいい印象を与えるはずです。**どこでも活躍できる人は、あらゆる場面を想定・準備して、「自信」や「余裕」を作り出しています。**

今の会社で働き続けるにしても、転職して新天地を選ぶにしても、「プランB」はサラリーマンとして必須の考え方なのです。日頃から意識することで、時代や環境が変わっても、どこでも自信を持って働けます。

選択肢に正解はない

さらに、「プランB」という代替案は、「プランA」との相乗効果も狙えます。

たとえば副業で考えたとき、本業（プランA）で学んだことをYouTubeで発信（プランB）するのは、収入面だけではなく、本業の理解や経験を深めることにつながりますよね。YouTubeでマーケティング力や企画力を身につけて、本業に活用することもできます。この相乗効果によって、より広い視野から、今までにない結果を導き出せる可能性も出てきます。

プランAとBを組み合わせて知識や経験値を高めることは、多様な働き方が浸透した今の時代ならではの戦略と言えます。

ここで、「プランB」を考えるときの注意点があります。

それは、**「そのプランBは、プランAを支えているのか？」**ということ。

プランBは、あくまでも本業（プランA）の次の手です。そのプランBを行なうことで、本業に何らかの支障が出ているのなら、それはベストな選択とは言えないと判断できます。**本業という軸が定まっていなければ、代替案は生まれないのです。**

たまに、会社の仕事はそこそこにして、副業に力を入れている人がいるようです。プランBとして副業を始めたものの、夜遅くまで作業を行い、翌朝起きられず会社に遅刻してしまう――。そんな事態が起きたらどうでしょうか。これは完全にプランBがプランAの足を引っ張っていますよね。転職活動や資格取得の勉強でも同じことが起こり得ます。

本来は第二の選択肢であるはずのプランBに力を入れすぎるあまり、本業がおろそかになるのは本末転倒。僕の考えるプランBのあるべき姿とは異なります。

もしあなたが何らかのプランBを持っているのなら、一度、本当に自分にとってベストな判断かどうか考えてみてください。とくにプランBの内容は、就職、転職、結婚、出産、子育てなどのライフステージによって変わってきます。

新入社員なら、いち早く会社で成果を上げるために、休日を資格の勉強に丸々費やすのもいいかもしれません。しかし、もし結婚して子どもを育てるとしたら話は変わります。人生で大切なことや使える時間は、状況に応じて変化し続けるものです。そのため、一度ベストだと判断したプランＢであっても、定期的に見直すことが必要不可欠になります。

ただ、毎日わざわざ時間を取って考えるのは負荷が大きいので、僕の場合は、趣味のジョギングやサウナの時間にプランＢを見直すようにしています。スマホやパソコンがない状態で考えるほうが、じっくり考えられるからです。それ以外にも、入浴中や移動中、ランチ時間など、考える時間はいろいろあります。

自分が無理なくできる時間を見つけ、ぜひ定期的にプランＢを見直し、磨きをかけてほしいと思います。

「プランB」に唯一の正解はありません。また価値観も生き方もめまぐるしく変わる中、「この人を真似しておけば大丈夫」という絶対のロールモデルも存在しません。

僕がブログで「あなたのプランＢ」というコンテンツを配信しているのも、まさにそれが理由です。様々な経歴の人の「プランB」を紹介してもらうことで、読者は数あるプランBの中から自分に合うものを選べるようになっています。

僕の考えはもちろん、著名な人の考えだけが正解ではありません。一つの声を鵜呑みにすることなく、様々な人を参考にして、自分に合う働き方をチョイスしてください。そして、ときには自分の考えを見直して、人生を支える「プランB」を磨き上げてください。

仕事は「やりたくないこと」から考えろ

ここまで、転職〝以前〟の考え方についてお話ししてきました。

「転職が正解ではない」と理解しても、「今の会社で働き続けるビジョンが見えない……」ということもあるはずです。


では、あなたのやりたいことは何でしょうか?

就職・転職活動でよく聞かれる質問です。この質問を聞くと、戸惑いを隠せない人も多いと思います。

明確にやりたいことがある人は別ですが、多くの人は、やりたいことどころか、就職の動機もはっきりしていなかったのではないでしょうか。学生なら目の前のことに注力しているのですから当然です。ただ、この状態は社会人になってからも続いてしまう傾向があります。

しかし、やりたいことも思い浮かばないし、かなえたい夢もない。このような「転職したいけど道を定められない人」に、一つの考え方を紹介します。

それは、「やりたくないこと」を徹底的に考えることです。 消去法ではありますが、「やりたくないこと」が当てはまりにくい職業や職場を選ぶことは、キャリアを築くうえでリスクヘッジになります。

試しに「やりたくないこと」の例を列挙してみましょう。

・転勤、引っ越しはしたくない
・残業はなるべくしたくない
・土日は休みたい
・年収◯◯◯万円以下は嫌だ
・スーツは着たくない

いかがでしょうか。

「やりたいこと」は出てこなかったのに、「やりたくないこと」ならスラスラ出てきたのではないでしょうか？

次に、自分の回答に優先順位をつけて、どの業界や企業なら実現できそうか、絞り込んでいきます。

すべての「やりたくないこと」を実現してくれる職場はありません。あまりにも譲れないポイントが多いのであれば、極端な話、独立するしかないのです。

サラリーマンは、会社に貢献する対価として給与をもらっています。「会社に貢献する働き方」と「自分の理想の働き方」が完全に一致することはまれです。したがって、ときには妥協も必要。ただその妥協も、納得できるレベルにまで高めることはできます。その方法の一つが、「やりたくないことから考えること」なのです。

僕は就職活動の際、やりたいこと以外に、次の「やりたくないこと」を念頭に置いて活動しました。

・商材やサービスは小さくてもいいが、自分一人で仕事を完結できない仕事は嫌だ
・年収が低いところは嫌だ
・朝から晩まで社内にいる仕事は嫌だ
・毎晩夜中まで飲む生活は絶対に嫌だ

これを見ると、「なぜ飲み会が嫌なのに総合商社に入社したの？」という質問が飛んできそうですね（当時、商社は飲み会が多いことで知られていたため）。飲み会が嫌という気持ちは今でも変わりませんが、ここについては、次の点で妥協できました。

・飲み会が嫌なら断ればいい（全部は難しいですが）
・数年働いて、いいチャンスがあれば会社を飛び出す選択肢もある

このように、列挙した「やりたくないこと」に優先順位をつけたあと、優先順位の低いものについては、妥協ポイントを探っていきます。「〇〇は嫌だ」と言ってすべて切り捨てるのではなく、どうすれば少しでも回避できるのか、その方法を自分なり

に考えてみるのです。僕はこうして総合商社への就職を選びました。

「やりたいこと」があれば理想的ですが、なくても悲観する必要はありません。「やりたくないこと」からキャリアを考えるのも立派な戦略です。

迷ったときは消去法でリスクを回避する選択をしてほしいと思います。

「やりたい仕事」は面談以外でも伝え続ける

会社では、定期的に面談の場が設けられると思います。挑戦したい仕事や異動したい部署などがあるなら、その機会を存分に活用するでしょう。

しかし、そのように求める働き方がある場合は、面談という場以外でも積極的にアピールしてください。同僚よりも圧倒的にチャンスを得やすくなります。

僕は入社1年目の頃、できるだけ早く海外駐在の経験を積みたいという思いがありました。

とはいえ、海外駐在を20代の早いうちに実現できるのは、ひと握りの社員のみ。実現させるには、上司に「こいつを行かせてやろう」と思ってもらう必要があります。

そのため、折に触れて上司に、海外に行きたい旨を伝えていました。飲み会で「海外駐在したいヤツはいるか？」と上司に聞かれたときも、迷わず真っ先に手を挙げました。

その結果、ポストに空きが出たときにいち早く声をかけてもらえて、「行きます」と即答。同期の中で一番早く海外駐在を経験することができました。

後日上司に、なぜ僕を選んでくれたのか聞いたところ、「飲み会で質問したとき、迷わず手を挙げたことが印象に残っていたから」と言われました。

これには正直「そんなこと？」と驚きましたが、アピールする場は、何も面談だけではないのだと気づきました。ランチなどの他愛のない会話の中にも、チャンスは転がっているのです。また自分の中で「やりたい」という思いを持って努力していれば、チャンスがきたときに即答することもできます。

なお余談ですが、英語に関しては現在、縁あって「ビズメイツ」というオンライン英会話サービスの公式アンバサダーも務めさせていただいています。これも、「いつかビジネス英語を広げる手伝いをしたい」と言い続けた結果だと思います。

「やりたいこと」をかなえるために派手な成果や実績を出せればいいですが、若手社員はとくに、いきなりホームランを打ちにいってもうまくいかないものです。

頼まれた仕事を早めに仕上げる、仕事の合間を縫って地道に勉強するなど、今できる最善の努力をしつつ、折を見てアピールを行いましょう。

「今やりたいことがない」という人も、「営業だけど企画の仕事がしたい」「事務系の仕事だけど商品開発に携わりたい」など、経験を重ねるうちにやりたいことが見えてくるかもしれません。


いずれにしても、目の前の仕事をおろそかにしないことが大前提。アピールが先行すると、「目の前の仕事から逃げたくて言っているのではないか」と、後ろ向きに捉えられても仕方がありません。やるべき仕事を地道にやっていれば、その先に必ずチャンスはやってきます。また、そのチャンスは意外と身近なところに転がっているのです。

「なりたい姿」はキャリアの道しるべ

長期的な視点からキャリアを考えるうえで、「なりたい姿」を思い浮かべることは、重要なプロセスです。

僕の場合、総合商社に勤務していたときに40歳時点での「なりたい姿」が見えたのも、転職を決断するきっかけの一つでした。当時の自分が書いたメモを読み返してみると、次のようなことが書かれていました。

・入社後、10年以内に会社の規模（売り上げ）を5倍以上にする
・社内には外国人の同僚がいる
・入社3年で会社の株を一部持たせてもらう
・業界内で転職のオファーをもらえる人材になる

・子どもが二人以上いて、一緒にマラソンをやる
・平日、週に一度はジムに通う
・家族行事（運動会、授業参観など）があれば平日でも参加する
・母子留学ができる環境、母子帯同の海外出張を実現する

中でも「会社の規模」については、最初に入社した総合商社より圧倒的に規模の小さな会社で働きたいという思いが強かったです。

総合商社では売り上げが数兆円、当期純利益（企業が得たすべての収入を示す「売上高」から、様々な費用を足したり引いたりして最終的に残る利益のこと）が数千億円規模になります。そのため、「当期純利益が４０００億円から４２００億円になりました」と言われても、規模が大きすぎて、実感が湧きづらいと感じていました。

40歳までは、規模は小さいながら成長の見込める会社で、売り上げを10億円から１００億円規模に伸ばすようなスピード感と規模感を肌で感じたいという思いもあり、職場を変える決意をしました。総合商社時代と比べると、今の職場はインフラも整っていないですし、従業員の人数も少ない分、果たす責任も大きいです。しかし、

悩むヒマもないくらい必死に「なりたい姿」を目指しているので、とても充実しています。

このように、「なりたい姿」を具体的に書き出すと、自分が将来どうなりたいのかが見えてきます。

僕はそのメモをもとに、総合商社に残った場合と転職した場合を天秤にかけて、どちらが実現の可能性が高いかを考えました。その結果、新しい会社で挑戦したほうが「なりたい姿」を実現できそうだと感じたので、転職を決断した次第です。

メモだけを見ると無鉄砲だと思われるかもしれませんし、実際自分でもそう思います。しかし、願望を書き出してみたことで、将来の自分をイメージでき、行動に移せたことは、今振り返っても良かったと思います。

ここまで読んだ方の中には、「20代とか30代くらいなら想像がつくけど、その先のことについては想像できない」と思った方もいるかもしれません。

僕は、それでもいいと思います。

というのも僕自身、今30代ですが、50代以降のキャリアプランはまだ描けていません。10年前に今の自分を想像できなかったように、10年以上先を思い描いてもあまり現実味がない。となると、**ファーストステップとしては、10年後を思い描くくらいで十分かと思います。**

ただし、実際に10年経ってから「なりたい姿」に程遠く、描いたプランが実現できていない場合は、軌道修正も必要です。プランを100％実現させることに固執するよりは、自分の中でとくに譲れないポイントを見つけ、その実現に向けて軌道修正するイメージです。

仮に、なりたい姿として「年収2000万円」を掲げていたとします。それが10年後にかなっていなかったとしても、「今の生活に満足している」といった自信が持てるのなら、それはそれでクリアしたと考えてもいいと思います。年を重ねれば、それだけ経験値や価値観に変化があるはずなので、見返したときにOKと感じるのであれば、無理に修正しなくてもいいのではないでしょうか。

大切なのは、**人生の舵取りを他人に委ねることなく、自分で決めて進むことです。**

世代別の「メンター」を作れ

「転職を考えているけど、社内の人には相談しにくい」

「やりたいことがあるけど、誰に相談したらいいかわからない」

キャリアのことで迷ったとき、身近にいる同僚や先輩に相談できるといいですよね。しかし、社内の人には、仕事の相談はできてもキャリアの相談はしにくいはず。また上司だと、話した内容が評価につながる可能性もあるので注意が必要です。


キャリアについて相談する相手としてもっともおすすめなのは、**「メンター」**です。メンターとは「指導者」「助言者」を指す言葉。企業によっては「メンター制度」という、新入社員に上司とは別の先輩社員をつけて、相談できる仕組みを作っている職場もあります。

このメンターが「社外」にいると心強いです。利害関係のない人であれば、よりフラットな視点からアドバイスをしてくれるので、自分のキャリアを定期的に棚卸ししたり、見つめ直すきっかけを作ったりしやすくなるからです。

では、メンターにはどんな人を選べばいいのでしょうか。

僕の基準は3つです。

①対等な視点で話を聞いてくれる人
②自分の知らない世界や生き方を経験している人（人生経験が豊富）
③世代の違う人（ひと回り以上離れている人が理想）

①の「対等な視点で話を聞いてくれる人」ですが、これは、相手が対等な視点を持ってくれると、気楽に話せるからです。

こう言うと友人を思い浮かべる人が多いと思いますが、友人だと、話によってはライバル意識を持ったり持たれたりする可能性があるのでおすすめできません。あくまで自分が心地よく話せて、かつ話に理解を示してくれる人を選ぶことが大切です。

②の「自分の知らない世界や生き方を経験している人」と③の「世代の違う人」は少し似ているのですが、前者は、シンプルに話が面白い。より多くの視点から意見をもらえる可能性もあります。

さらに世代がひと回り以上離れていると、過ごしてきた時代背景や価値観も違うので、発見が多いはず。同世代からは出てこないような想定外の考えを知ることもできます。

おすすめは、30代、40代、50代と、世代の異なるメンターをそれぞれ1人ずつ見つけること。世代も人生経験もバラバラなので、同じ話をしても三者三様の反応が得られ、それだけでも勉強になります。

僕の場合、30代のメンターは、他業界で活躍するお兄さん的な存在の人です。駐在経験があるという共通点もありつつ、僕の数歩先を進んでいる人なので、いろいろと刺激を受けます。

40代のメンターは予備校時代の恩師で、現在は会社経営をしている人です。学生時代から僕の性格や考え方を熟知してくれているので、何でも気楽に相談できます。50代のメンターは元取引先の人で、駐在・転職・副業・結婚・子育て・離婚などの人生経験が豊富。僕の仕事内容や取り組み方にも理解を示してくれます。

年代の異なるメンターに定期的に会って話をするだけで新たな視点が得られ、それをもとにキャリアの考えを軌道修正することができます。

なお、会う頻度は半年に1回ほどをおすすめします。1ヶ月に1回だとあまり進捗がなく、昔話に花が咲いて、〝ただの飲み会〟に終わりがちですが、半年も経つと、ほどよく話題も増えているはず。自分もより具体的な質問ができ、相手もアドバイスしやすくなります。

社外まで視野を広げて、「この人なら」と思える人を見つけたら、勇気を持って考えていることや迷っていることを相談してみましょう。自分一人では考えつかなかったアイデアが出てきます。もちろん、独りよがりになることなく、純粋にその場をお互い楽しめることが大前提ですが。

「市場価値」だけは自分で決めるな

いろいろと情報収集して、「転職」が現実的になったら、まず「自分の市場価値を把握すること」が大切です。

市場価値とは、「自分が転職市場でどのように評価されているか」ということ。いくら社内で評価が高くても、それが他社で通用するとはかぎりません。市場価値が高ければたくさんの企業からオファーをもらえますが、そうでないと、転職先を見つけることはできないのです。

その市場価値を探るうえで有効なのが、近頃よく言われている、**「転職エージェントを利用すること」**です。

転職エージェントとは、求職者と企業の間に立って転職（採用）を支援するサービスです。登録すれば、求職者一人ひとりにアドバイザーがつきます。そして希望条件に合う求人の紹介はもちろん、応募から入社まで、転職活動に関する一連のサポートを受けることができます。ここの担当者と話をすることで、客観的な視点から自分の市場価値を探ることができるのです。

僕の場合、チャンスがあれば総合商社を飛び出し、転職したいと考えていました。ところが、転職エージェントの担当者から言われたのは次の言葉でした。

「イシコさんの経験は限定的で専門性がないから、転職したら年収は300万円ほど下がりますよ」

ショックでしたが、たしかに当時は「任された仕事をこなす」「部分的な作業をこなす」といったことはできていたものの、**主語を「自分」として語れる実績がありませんでした。**

そこで、先ほどの言葉を聞いて以来、自分の市場価値を高める意味でも、次のことを意識するよう心がけました。

・仕事を一人で完結させる（上司に決断を仰ぐことはあっても、ゴールを自分で思い描き、実現までやり切る）
・ゼロイチ（「0」から「1」を生み出す）の商売経験を積む
・少額でもいいので、飛び込み営業をしてお金を稼ぐ（海外営業を含む）

このように、できる範囲で営業力を磨いた結果、無事転職に成功。年収は300万円下がるどころか上がり、その後の転職では、さらに上げることができました。転職先が、僕の市場価値を感じてくれた証拠です。

大切なのは、自分の市場価値を知り、その価値を高める努力をすること。若手社員の場合は実績が乏しいので市場価値は低いと思いますが、具体的に何が足りないのかを知るだけでも学びになります。結果的に転職しなかったとしても、自分に足りないスキルや経験がわかれば、今いる会社で最善の努力ができるのです。「いつでも転職できる状態になっておく」ことで、今の仕事が万が一ダメになっても、すぐに飛び出せるという精神的余裕も生まれます。

自分が大切にしていることは何なのか、やりたくないことは何なのかを把握したうえで、転職エージェントを利用しましょう。そして実際に担当者に会って話をし、市場価値がわかったら、自分を高める努力をすることをおすすめします。

自分の立ち位置がわかれば、一人でがむしゃらに努力するより、より効率よく努力できるはずです。

面接官に「実績」を語ってはいけない

希望の転職先が見つかったら、いよいよ面接の準備です。新卒の就職活動では、

「ラグビー部で全国優勝しました」

「一人旅で○○ヶ国訪問しました」

「歩合制で月に100万円稼ぎました」

といった自己PRをする人がいます。どれも素晴らしい実績ですが、面接官の心に響いているとは言いがたいのが正直な感想です。

最終的に面接官が知りたいことは、**「で、あなたが入社したら、今回も同じような活躍をしてくれるの？」**ということに尽きるからです。

転職の面接シーンで考えてみましょう。たとえば自動車販売の仕事をしているAさ

んが、住宅メーカーへの転職を希望しているとします。アピールポイントは次の二つです。

「年間で30台販売・売り上げ3億円を達成」

「リピート率は7割超。お客様と長期的な関係を構築」

もしAさんが、住宅メーカーの面接で「僕は前職でこのような実績を上げました」と伝えても、なんとなくすごいことはわかっても、説得力があるかというと「?」ですよね。車を30台売れる＝家も売れる、という方程式は成り立ちません。

いかに過去の実績が素晴らしくても、「それってうちでは活かせないよね」と思われてしまったら、ただの宝の持ち腐れ。**過去の実績をどうやって次の職場でも再現できるのか、自分なりにストーリーを練って説明することが大切です。**

そこで、再現性を示す方法を考えます。

具体的には、**「なぜその実績を出せたのか?」「どう努力したのか?」という成功要因を、自分なりに分析していきます。**

Aさんの事例であれば、たとえば次のような成功要因が考えられます。

①お客様がその車を求める背景を理解して言語化した
（税金対策なのか、親の介護でデイサービスの送迎に必要なのか、など）
②購入するメリットだけでなく、デメリットまで説明するようにした
（10年後の買い替え時にかかる費用、転売する場合、など）

これらの成功要因も添えて面接で伝えれば、住宅の販売でも「お客様に寄り添った提案ができそう」などの印象につながります。製品やサービスは違っても、自社でも再現してくれそうだと思ってもらえるからです。結果に加え、努力の過程がわかると、面接官への説得力も増します。

過去の実績は、伝え方によっては「ただの自慢話」に終わる可能性の高いコンテンツでもあります。**相手の目線に立って実績をわかりやすく因数分解して伝えることで、「うちの会社でも再現してくれそう」と思ってもらえるのです。**

迷ったときは、自分が面接官だと仮定して、その伝え方で採用したいと思えるかどうか、自問自答してみましょう。

なお、面接のときは、面接官に迎合する必要はありません。

新卒採用では、面接官や人事担当者の知りたいことを想像して話すテクニックも大切です。面接を受ける就活生は社会人としての実績がないので、その会社に合う雰囲気や、ポテンシャルを感じてもらうプロセスが欠かせないからです。

一方で転職は基本、即戦力採用。自分の希望とできることをはっきり伝え、それが実現できる会社かどうかを見定めておかないと、入社後のズレにつながりかねません。「その会社にどうしても入りたい」と思うと、つい転職先の希望に合わせがちですが、自分を偽った状態で入社しても、期待に応えられず長続きしません。お互い不毛な時間を過ごすことになります。

「入社したら、御社の××事業で◯◯◯◯をしたい」
「入社後は、◇◇◇で積んだ経験をもとに△△△の分野で貢献したい」

このように、面接では先述した「実績＋成功要因」に加え、自分の希望も伝えることで、入社後もお互い気持ちよく働けるかどうか、確認することができます。

転職に失敗しない5つのポイント

希望の会社が複数あった場合に備えて、ここでは「失敗しない」転職先の選び方をお伝えします。もちろん、「絶対」という保証はどこにもありませんが、転職してから「こんなはずじゃなかった……」と後悔するリスクを避ける方法はあります。

僕自身、総合商社から転職するときは次の5つを意識しました。これらは求人票にはほとんど載っていませんが、転職後の満足度を左右する重要なポイントです。一つずつ見ていきましょう。

1 「やりがい」より「年収」

待遇は、入社後に大きく改善するのは難しいので、重要項目の一つです。

仮に「やりがい」と「年収」のどちらを取るか迷うくらいなら、絶対に「年収」を取るべきです。本当に「やりがい」を感じるのであれば、「年収」など気にせず飛び込んでいるはずだからです。年収の高い会社を選択しておけば、入社後、ライフステージの変化とともに、家族が増えたり住環境などが変わったりしたときに、金銭面で余計な悩みを抱えにくくなります。

また、これは面接時の話になりますが、**年収は入社時点の数字だけでなく、見込みでもかまわないので、入社後数年間のモデルとなる推移を聞いておきましょう。**

ただし、十分なスキルがないのに高待遇を望むのは言語道断です。189ページでも述べた通り、僕は転職エージェントから年収が下がることを知らされ、社外でも評価されるスキルを磨く大切さを痛感しました。望む待遇の実現とスキルはセットで考えましょう。

2 上司で「未来の自分」を想像しろ

上司はあなたの将来の姿です。働き方や年収、日々の過ごし方を聞いて、その人のようになりたいと思いますか？　「イエス」と答えられれば、問題ありません。

あるいは、その職場で自分が課長、部長、とキャリアアップする姿をイメージしたとき、ワクワクするでしょうか。**上司の待遇は、あなたがキャリアアップしたあとの未来です**。それ以上でもそれ以下でもありません。上司の姿や待遇を見て、自分自身の将来像を考えてみてください。そこでワクワクすれば、その先の未来には可能性が広がっているはずです。

3　中途入社が不利になる会社はＮＧ

新卒と中途で昇進に偏りがないか、新卒の就活では意識しなかった人も多いと思いますが、転職においては意外と大事です。

僕が以前働いていた総合商社では、中途入社の社員も増えているとはいえ、そこには歴然と「中途入社の壁」があり、昇進は限られていました。経営陣の顔ぶれを見ても、そのほとんどが生え抜き社員であることからも明らかです。逆に、中途入社の社員ばかりが経営陣にいる企業もあります。**ホームページに載っている役員の経歴は事**

前に見ておきましょう。

転職するのなら、新卒・中途入社にかかわらず、分け隔てなくチャンスをもらえるかどうかを見極めるのも大事なポイントになってきます。30代くらいの中堅社員の人が面接官の場合は質問してみましょう。

4　会社が求めていることを質問で探れ

この点は仕事の価値観にもよりますが、僕は密かに面接で突っ込んで確認したことでした。一人で商売開拓からトラブルシューティングまで行いたいというのが、転職後の短期的な目標でしたので、入社前に、社長を含めた経営陣とともに、お互いの希望をすり合わせました（その結果、オファーをお断りした企業があったのも事実です）。

これを事前に確認するために、「私が入社したら、どのような権限と責任を持たせ、どのような結果を求めますか？」といった形で、ダイレクトに質問しましょう（はぐらかされる場合もあるかもしれませんが……）。**相手の考えを具体的に言語化してもらうことで、自分が何を求められているのかを理解できます。**

会社の期待に応える努力は当然する前提で、先に会社の期待値を具体的に知っておくと、入社後、そこで働くイメージを持ちやすくなるはずです。

5 「生活」の価値観が合うかどうか

僕は仕事が好きですが、同時に家族との時間も大切にしたいと考えていました。もともと勤めていた総合商社は会食や出張の頻度が多く、海外駐在の機会も突然訪れます（もちろん程度もケースバイケースですし、最近はだいぶ変わってきているようです）。僕は会食が多いのも夜中まで飲むのも、どれ一つ受け入れられず、この働き方は絶対に変えたいと強く思っていました。

転職先の今の職場には、「家族が一番大事」という価値観が根付いています。僕自身、そうでありたいと思っていたので、今の会社に転職するきっかけの一つになりました。

理想の働き方を追い求めるのであれば、究極は、自分で会社を立ち上げるという結論になります。ただそれをしない以上は、くり返しになりますが、自分の中で優先順位をつけるのが必須。妥協する点も当然出てきますが、自分の中で譲れないポイントが明確であれば、その価値観に合う会社を選ぶべきです。

サラリーマンは勤務時間が一日の大半を占めますが、人生そのものが豊かでないと働く意欲も湧きません。新しい職場の人たちがどのような生活を送っているのか、そしてその生活は自分の価値観に合っているのか、必ず入社前に確認をしてほしいと思います。

責任を取れるのは自分だけ

最後にお伝えしたいことがあります。

今いる会社を辞めようか迷ったとき、周りに相談すると、否定的な意見をもらうことがあると思います。第三者の意見を参考にすることは悪いことではないのですが、どんなアドバイスを受けても、キャリアを決めるのは自分自身です。

そもそも、転職に迷ってしまう人が多いのはなぜでしょうか？　それは、「誰も要求してこない」かつ、「先延ばししても困らない」という特徴があるからです。

受験や就活などの人生のターニングポイントは、年齢とともにやってきて、その都度選択を求められますよね。一方、転職は誰も強制しないうえに、必要に迫られることも少ない。周りと違う行動をすれば、様々な意見が飛んでくるのは当然です。

あなたのキャリアについて、周りの人は1ミリも責任を取りません。というより、

取れません。どんなにためになるアドバイスをもらったとしても、自分が納得できないのであれば、実行する必要はないのです。

僕自身、転職活動中は友人には一切状況を明かさず、すべて事後報告でした。というのも、友人に話したとしても、

「（総合商社は待遇面で）恵まれているのにもったいない」

もしくは、

「イシコなら挑戦しても大丈夫だよ」

という二つの意見に分かれるのが目に見えていたからです。

すべての手続きが終わって、社内外ともにオープンになったタイミングで友人や同僚に伝えたところ、案の定、右記のどちらかの意見が多かったのを覚えています。

では、まったく誰にも相談しないのかというと、そんなことはありません。

先述したメンターや転職エージェントの担当者には相談の時間をいただき、客観的な意見をもらっていました。

ちなみに転職する場合、身内には早めに相談したほうがいいです。理由は、収入が日常生活に関係するからです。僕の場合は幸運にも、家族の反対はゼロでしたが、「転職先と握手し、退職の意思を上司に伝えたあとに、最後の最後で妻が反対して、すべてが頓挫した」という背筋の凍るような事例を聞いたことがあります。アドバイスを求める必要はありませんが、両親や家族には事前に細かく報告することをおすすめします。

そして何よりも、いい辞め方をできれば、もし次の職場で前の職場とつながりがあったとき、良好なパートナーになれる可能性もあります。もしかしたら、今の同期や先輩、上司も、今後は利害関係なく付き合える大切な友人やメンターになるかもしれません。「退職＝縁を切る」と極端に考えず、すべて人生の延長線上にあると考えてみてください。

おわりに

冒頭でも述べましたが、この1年で世界中も、日本も、そして我々自身を取り巻く環境も大きく変わりました。この「おわりに」を書いている今、執筆が終わった安堵感や嬉しさがこみ上げるかと思いきや、「なぜ僕のような何も成し遂げていないサラリーマンが、このような機会（出版）を得られたのだろう」と不思議な気持ちが拭えておりません。しかし、一つ気づいたことがありました。

「何かを成し遂げた状態」には、たしかに価値があります。本書でも、29ページで「社会では『成果につながらない過程』に価値を感じてもらえません」と述べました。ただ一方で、僕のようにSNSを10年以上運用してようやく一歩踏み出せた、この「駆け出しで、もがいている状態」には、目に見える「成果」とは別の価値があるようなのです。

今でこそSNSやブログを中心に情報発信を行なう人が増えていますが、10年前はまだまだ手探りだったことを思い出します。ロールモデルもおらず、正解を模索しながらも継続したことが、今回の執筆という利益を得られた一番の理由かもしれません。

本書では「すぐに成果を出すこと」を一つのテーマにしてきました。しかし、若手社員のみなさんは、経験の浅さから、どうしても理想と能力のギャップに苦しむ場面がやってくるでしょう。そんなときはぜひ、「駆け出しで、もがいている状態」は無駄にならないということを、この本とともに思い出してほしいのです。

そして、その「もがいている状態」が少しでも短くなるように、みなさんをサポートするのが、本書の役割だと思っています。

僕が入社1年目のとき、尊敬していた先輩から次のことを言われました。

「自分が1年かけて学んだスキルや経験を、君がさらに短い期間で身につけられるようにするのが、先輩である僕の役割です。僕と同じように1年かかるようでは、組織として成長できない」

この言葉を胸に、僕なりの働き方をみなさんに届けました。本書の内容が、これからの仕事の参考になったという人が一人でも多くいれば、こんなに嬉しいことはありません。

最後に、ツイッターで僕をフォローしてくださっているみなさん、そしてブログ「プランBのすゝめ」の運営チームのみなさん、本当にありがとうございます。僕一人でブログを立ち上げることは不可能でしたし、フォロワーのみなさんから日々いただくご意見なしに、このチャンスをつかむことはできませんでした。

そして出版に至るまで全面的にサポートくださったSBクリエイティブの鎌田瑞穂さん、編集者の大島永理乃さん、なかなか対面でお会いするのが難しい時期でしたが、ご協力くださり、本当にありがとうございました。

また、この場を借りて、子どもと遊ぶ合間や、ドライブ中の助手席、子どもが寝静まったあとの貴重な時間を、本書の執筆のために影ながらサポートしてくれた妻にも感謝を伝えたいと思います。

イシコ

令和の新しい会社員像を模索するサラリーマン

新卒で大手総合商社へ入社。海外駐在を経験後、外資系企業へ転職。現在はベンチャー企業にて、新規事業企画から営業まで幅広く活躍するサラリーマン。転職や起業自体が正解なのではなく、サラリーマンだからこそ「いつでも飛び出せるが、それでも残りたいと思える会社に勤める」という状態を目指すべきだと考える。その方法として、"代替案"の意味を持つ「プランB」を常に持っておくことが、経済面・精神面の支えになり、人生をより充実させることができるという考えを持つ。2020年、ブログ「プランBのすゝめ」を開設。また、「プランB」は人それぞれ異なるという考えのもと、多くのインフルエンサーのキャリアを紹介する「あなたのプランB」を定期的に発信。10年近く続けているTwitterでは、多くのサラリーマンに役立つ情報(ビジネス・キャリア・英語など)を発信しており、フォロワーは4万人を突破(2021年2月)。「bizSPA!フレッシュ」「ソーシャルトレンドニュース」などのメディアにも取り上げられている。

Twitter:@newsalaryman_21

入社《にゅうしゃ》1年目《ねんめ》からどう働《はたら》くか

社内外《しゃないがい》で評価《ひょうか》される人材《じんざい》になる新《しん》・生存戦略《せいぞんせんりゃく》

2021年3月22日　初版第1刷発行

著　者　イシコ
発行者　小川 淳
発行所　SBクリエイティブ株式会社
〒106-0032　東京都港区六本木2-4-5
電話：03-5549-1201(営業部)

ブックデザイン　小口翔平 ＋ 三沢 稜(tobufune)
DTP　アーティザンカンパニー株式会社
編集協力　大島永理乃
編集担当　鎌田瑞穂
印刷・製本　中央精版印刷株式会社

落丁本、乱丁本は小社営業部にてお取り替えいたします。
定価はカバーに記載されております。
本書の内容に関するご質問等は、小社学芸書籍編集部まで必ず書面にてご連絡いただきますようお願いいたします。

ISBN：978-4-8156-0790-6

本書をお読みになったご意見・ご感想を下記URL、QRコードよりお寄せください。
https://isbn2.sbcr.jp/07906/